Ele

Der Übersetzer: Hans-Georg Noack, seit 1980 Leiter des Arena Verlags, wurde u. a. ausgezeichnet mit dem Deutschen Jugendbuchpreis als Übersetzer, mit dem Großen Preis der Deutschen Akademie für Kinder- und Jugendliteratur, mit dem Goldenen Taschenbuch.
Über den Otto Maier Verlag lieferbare Taschenbücher sind u. a.:
»Trip« (RTB 320), »Suche Lehrstelle, biete . . .« (RTB 619), »Rolltreppe abwärts« (RTB 299).

DIE WELLE

Bericht über einen Unterrichtsversuch,
der zu weit ging

Von Morton Rhue

Aus dem Amerikanischen
von Hans-Georg Noack

Otto Maier Ravensburg

Lizenzausgabe
als Ravensburger Taschenbuch Band 1501,
erschienen 1985

Die Originalausgabe erschien 1981 unter dem Titel
»The Wave« bei Delacorte Press, New York

Die deutsche Erstausgabe erschien 1984
im Otto Maier Verlag Ravensburg

Umschlag: Ekkehard Drechsel unter
Verwendung eines Entwurfs von Walter Emmrich

Gesamtherstellung: Ebner Ulm
Printed in Germany

13 91

ISBN 3-473-51501-9

1

Laurie Saunders saß im Redaktionsbüro der Schülerzeitung der Gordon High School und kaute an ihrem Kugelschreiber. Sie war ein hübsches Mädchen mit hellbraunem Haar und einem fast immerwährenden Lächeln, das nur schwand, wenn sie aufgeregt war oder an Kugelschreibern kaute. Das hatte sie in letzter Zeit ziemlich häufig getan. In ihrem Vorrat gab es keinen einzigen Schreiber mehr, der nicht am oberen Ende völlig zerbissen war. Immerhin war das allemal noch besser als Rauchen.

Laurie sah sich in dem kleinen Büro um, das mit Schreibtischen, Schreibmaschinen und Zeichenplatten vollgestopft war. Eigentlich sollte in diesem Augenblick an jeder Schreibmaschine jemand sitzen und Beiträge für die Schülerzeitung »Ente« ausbrüten. Auch Zeichner und Gestalter sollten an den Lichttischen hocken und die nächste Ausgabe vorbereiten. Tatsächlich war jedoch außer Laurie niemand im Raum. Das Problem bestand einfach darin, daß draußen ein herrlicher Tag war.

Laurie spürte, wie das Plastikröhrchen ihres Kugelschreibers zerbrach. Ihre Mutter hatte ihr prophezeit, eines Tages würde sie so heftig an einem Schreiber kauen, daß er zersplitterte. Und dann würde ein langer Plastiksplitter ihr in den Hals rutschen, und sie würde daran

ersticken. Nur Mutter konnte auf so einen Gedanken kommen, dachte Laurie seufzend.
Sie schaute auf die Uhr an der Wand. Von der laufenden Schulstunde blieben nur noch ein paar Minuten. Es gab keine Vorschrift, nach der irgend jemand während der Freistunden in der Redaktion arbeiten mußte, aber alle wußten schließlich, daß die nächste Ausgabe der »Ente« in der kommenden Woche fällig war. Konnten die anderen denn nicht einmal auf Eis, Zigaretten und Sonnenbad verzichten, um wenigstens einmal eine Schülerzeitung pünktlich herauszubringen?
Laurie schob den Kugelschreiber in den Rücken ihres Ringbuchs und sammelte ihre Hefte für die nächste Stunde zusammen. Es war hoffnungslos! Seit drei Jahren gehörte sie nun zur Redaktion, und bisher war noch jede Nummer der »Ente« verspätet erschienen. Daß sie jetzt Chefredakteurin geworden war, änderte daran ganz und gar nichts. Die Zeitung wurde eben fertig, wenn auch der letzte es geschafft hatte, sich um seine Arbeit zu kümmern.
Laurie schloß die Tür des Redaktionsbüros hinter sich und trat auf den jetzt menschenleeren Flur. Es hatte noch nicht geläutet. Nur am anderen Ende des Ganges waren ein paar Schüler zu sehen. Laurie ging an einigen Türen vorüber, blieb vor einem Klassenraum stehen und schaute durch das Fenster hinein.
Drinnen gab sich ihre beste Freundin, Amy Smith, ein kleines Mädchen mit dichten, blonden Locken, die größte Mühe, die letzten Minuten von Mr. Gabondis Französischstunde zu überstehen. Im vergangenen Jahr hatte Laurie bei Mr. Gabondi Französisch gehabt, und das war so ziemlich das Langweiligste gewesen, was sie bisher in der Schule erlebt hatte. Mr. Gabondi war ein kleiner, stämmiger, dunkelhaariger Mann, der selbst an

den kältesten Wintertagen immer zu schwitzen schien. Im Unterricht sprach er leise und so monoton, daß es selbst eifrige Schüler einschläfern konnte. Obwohl der Stoff, den er unterrichtete, nicht besonders schwer verständlich war, konnte kaum jemand die allernötigste Aufmerksamkeit aufbringen.

Als sie jetzt sah, wie ihre Freundin sich abmühte, dem Unterricht zu folgen, fand Laurie, daß Amy eine kleine Aufheiterung verdient hätte. Deshalb stellte sie sich so ans Fenster, daß zwar Amy, nicht aber Mr. Gabondi sie sehen konnte, schielte wild und zog eine entsetzliche Grimasse. Amy reagierte darauf, indem sie die Hand vor den Mund legte, um das Lachen zu unterdrücken. Laurie verzog abermals das Gesicht. Amy wollte nicht hinschauen, mußte dann aber doch wieder den Kopf umdrehen, um zu sehen, was Laurie jetzt zu bieten hatte. Laurie führte ihr berühmtes Fischgesicht vor: Sie schob die Ohren nach vorn, schielte kreuzweise und öffnete und schloß zugleich den Mund wie ein Karpfen. Amy gab sich so große Mühe, nicht zu lachen, daß ihr die Tränen über die Wangen liefen.

Es war Laurie klar, daß sie das Grimassenschneiden einstellen mußte. Es machte Spaß, Amy zu beobachten. Man konnte sie leicht zum Lachen bringen. Wenn Laurie jetzt noch etwas vorführte, fiel Amy wahrscheinlich vom Stuhl und wälzte sich zwischen den Tischen auf dem Boden. Doch Laurie konnte nicht widerstehen. Sie kehrte der Tür den Rücken zu, um die Spannung zu erhöhen, verzerrte Mund und Augen und fuhr wieder herum.

Unter der Tür stand ein sehr zorniger Mr. Gabondi. Hinter ihm wurden Amy und ihre ganze Klasse fast hysterisch. Laurie sperrte den Mund auf. Doch ehe Gabondi noch schelten konnte, läutete die Glocke, und die Schüler drängten an ihm vorbei. Amy hielt sich die vom Lachen schmerzenden Seiten. Während der Lehrer sie düster anstarrte, gingen die beiden Mädchen Arm in Arm zu ihrer nächsten Klasse; sie waren viel zu atemlos, um noch zu lachen.

In dem Klassenraum, in dem er Geschichte unterrichtete, beugte sich Ben Ross über einen Projektor und bemühte sich, einen Film in das Gewirr von Zahnrädern und Linsen einzufädeln. Es war schon sein vierter Versuch, und er hatte es immer noch nicht geschafft. Verzweifelt fuhr er sich mit den gespreizten Fingern durch das braunwellige Haar. Sein Leben lang hatten ihn Geräte und Maschinen nur verwirrt: Filmprojektoren, Autos, sogar Selbstbedienungstankstellen machten ihn hilflos.

Er hatte sich selbst nie erklären können, warum er in dieser Hinsicht so ungeschickt war, und wenn irgend etwas Handwerkliches oder Mechanisches anfiel, überließ er es Christy, seiner Frau. Sie unterrichtete an der Gordon High School Chorgesang und Musik, und zu Hause war sie für alles zuständig, was Handfertigkeit erforderte. Scherzhaft behauptete sie manchmal, man könne Ben nicht einmal zutrauen, eine Glühbirne richtig einzuschrauben, was er jedoch als stark übertrieben zurückwies. Er hatte in seinem Leben schon eine ganze Reihe von Glühbirnen ausgewechselt, und soweit er sich erinnern konnte, waren nur zwei dabei zerbrochen.

Während seiner bisherigen Tätigkeit an der Gordon High School – Ben und Christy unterrichteten dort seit zwei Jahren – war es ihm gelungen, seine handwerkliche Ungeschicklichkeit nicht demonstrieren zu müssen. Auf jeden Fall war sie hinter seinem Ruf zurückgetreten, ein ganz ausnehmend tüchtiger junger Lehrer zu sein. Bens

Schüler sagten, er sei so sehr bei der Sache, sei selbst an seinen Themen so beteiligt und interessiert, daß es ganz unmöglich sei, nicht auch davon gefesselt zu werden. Er sei einfach »ansteckend«, sagten sie und meinten damit, daß er sie wirklich anzusprechen verstand.
Die anderen Lehrer im Kollegium waren über Ben Ross eher geteilter Meinung. Manche waren von seiner Energie, seinem Einsatz und seiner Kreativität beeindruckt. Sie sagten, er vermittle seinen Schülern ganz neue Blickwinkel, zeige ihnen nach Möglichkeit immer die praktischen, für die Gegenwart bedeutenden Aspekte der Geschichte. Behandelte man politische Systeme, teilte er die Klasse in politische Parteien ein. Wurde ein berühmtes Gerichtsverfahren besprochen, ließ er Ankläger, Verteidiger, Zeugen und Richter durch Schüler darstellen. Andere Lehrer waren skeptischer. Einige behaupteten, er sei einfach jung, naiv und übereifrig; nach ein paar Jahren werde er sich beruhigt haben und seine Klassen auf die »richtige« Art behandeln – viel lesen, wöchentliche Prüfungen, Schülervorträge. Andere sagten nur, ihnen gefalle es nicht, daß er in der Klasse nie Anzug und Krawatte trage, und zwei oder drei Kollegen gaben einfach zu, daß sie neidisch auf ihn seien.
Wenn es aber etwas gab, worauf ganz gewiß kein anderer Lehrer neidisch zu sein brauchte, dann war es Bens völlige Unfähigkeit, mit Filmprojektoren umzugehen. So klug er sonst auch sein mochte: Jetzt kratzte er sich nur den Kopf und betrachtete ratlos das Zelluloidgewirr in dem Gerät. In wenigen Minuten mußte seine Oberstufenklasse kommen, und er hatte sich schon seit Wochen vorgenommen, ihr diesen Film zu zeigen. Warum gehörte zur Lehrerausbildung eigentlich kein Kursus über das Vorführen von Filmen?
Ross rollte den Film auf die Spule zurück. Sicher gab es

in der Klasse irgendeinen audiovisuellen Zauberkünstler, der den Apparat blitzschnell in Gang bringen konnte. Er ging an seinen Tisch zurück und griff nach einem Stapel Hausarbeiten, die er den Schülern zurückgeben wollte, ehe sie den Film anschauten.

Die Noten unter den Arbeiten hätte man vorhersagen können, dachte Ben, als er sie noch einmal durchging. Laurie Saunders und Amy Smith hatten wie gewöhnlich ihr Sehr gut, dann gab es den breiten Durchschnitt und zwei mißlungene Arbeiten: die eine von Brian Ammon, einem erstklassigen Footballspieler – er schien Gefallen an schlechten Noten zu finden, obwohl Ben wußte, daß der Junge intelligent genug war, um Besseres zu leisten. Der zweite Mißerfolg stammte von Robert Billings, dem ständigen Versager in der Klasse. Ross schüttelte den Kopf. Dieser Robert Billings war wirklich ein Problem.

Die Glocke läutete zum Ende der Stunde. Ben hörte Türen schlagen und die Schüler durch die Gänge strömen. Es war seltsam, daß Schüler die Klassen immer blitzschnell verließen, zum Beginn der nächsten Stunde aber im Schneckentempo kamen. Insgesamt betrachtet, war Ben überzeugt, daß die High School für die Schüler heute weit angenehmer sei als zu seiner Zeit, aber es gab doch einiges, das ihn störte. Da war zum Beispiel die völlige Gleichgültigkeit der Schüler, was die Pünktlichkeit betraf. Manchmal gingen fünf oder gar zehn kostbare Unterrichtsminuten verloren, ehe der letzte Schüler endlich zur Stelle war. Früher hatte man erheblichen Ärger bekommen, wenn man beim zweiten Läuten nicht an seinem Platz saß.

Das zweite Problem waren die Hausaufgaben. Die Kinder hatten einfach keine Lust mehr, sich damit aufzuhalten. Ob man sie mit schlechten Noten oder mit Nachsitzen bedrohte, war ihnen egal. Hausaufgaben waren zu einer Art freiwilliger Leistung geworden. Ein Schüler aus der neunten Klasse hatte ihm kürzlich gesagt: »Ja, sicher, Mister Ross, ich weiß, daß Hausaufgaben wichtig sind; aber meine sozialen Kontakte gehen schließlich vor.«

Ben lachte leise vor sich hin. Soziale Kontakte!

Die ersten Schüler betraten den Klassenraum. Ross entdeckte David Collins, einen großen, gutaussehenden Jungen, der zu den Stars der Footballmannschaft gehörte. Außerdem war er der Freund von Laurie Saunders.

»David«, sagte Ross, »glaubst du, daß du diesen Filmprojektor in Gang kriegen kannst?«

»Ja, sicher«, antwortete David.

Während Ross zuschaute, kniete David neben dem Projektor nieder und ging ans Werk. Nach wenigen Sekunden hatte er den Film eingelegt. Ben bedankte sich lächelnd.

Robert Billings stapfte ins Klassenzimmer, ein kräftiger Junge, dem dauernd das Hemd aus der Hose hing, und der sich anscheinend morgens nach dem Aufstehen nie die Mühe machte, sich zu kämmen. »Sehen wir 'n Film?« fragte er, als er den Projektor sah.

»Nein, Blödmann«, sagte Brad, der Robert besonders gern quälte. »Mister Ross baut einfach gerne Filmprojektoren auf.«

»Das genügt, Brad!« sagte Ben streng.

Inzwischen waren genug Schüler eingetroffen, so daß Ross beginnen konnte, die Arbeiten zurückzugeben. »Hört her!« sagte er laut. »Hier sind eure Arbeiten von vergangener Woche. Allgemein kann man sagen, daß ihr nicht schlecht gearbeitet habt.« Er ging zwischen den Tischen hin und her und gab jedem Schüler seine Arbeit zurück. »Aber ich muß euch noch einmal ausdrücklich warnen. Manche dieser Arbeiten sehen wirklich zu unordentlich aus.« Er hob ein paar Blätter in die Höhe. »Hier, zum Beispiel. Ist es denn wirklich nötig, die Ränder einzurollen?«

Die Klasse lachte, und einer fragte: »Wem gehören die denn?«

»Das ist nicht deine Sache.« Ben strich die Blätter glatt und teilte weiter aus. »Von jetzt an werde ich die Noten bei den unordentlich abgelieferten Arbeiten verschlechtern. Wer zu viele Fehler gemacht hat oder zu oft ändern mußte, der fängt eben ein neues Blatt an und schreibt seinen Text ordentlich ab, ehe er ihn abgibt. Habt ihr verstanden?«

Einige Schüler nickten. Andere achteten nicht weiter auf seine Worte. Ben ging nach vorn und entrollte die Filmleinwand. Das war nun schon das dritte Mal in diesem Halbjahr, daß er über unordentliche Arbeiten gesprochen hatte.

/2/

Das Thema der Stunde war der Zweite Weltkrieg, und der Film, den Ben Ross an jenem Tage vorführte, berichtete von den Grausamkeiten, die Nazis in den Konzentrationslagern verübt hatten. Im verdunkelten Klassenzimmer starrten die Schüler auf die Leinwand. Sie sahen Männer und Frauen, die so heruntergekommen und ausgehungert waren, daß sie nur noch aus Haut und Knochen zu bestehen schienen.

Ben hatte diesen Film oder ähnliche Filme schon häufiger gesehen. Doch der Anblick so rücksichtsloser, unmenschlicher Grausamkeiten machte ihn noch immer betroffen und zornig. Während der Film noch lief, sagte er zur Klasse: »Was ihr da seht, hat sich in Deutschland zwischen 1933 und 1945 abgespielt. Es ist das Werk eines Mannes namens Adolf Hitler, eines ehemaligen Anstreichers, der sich nach dem Ersten Weltkrieg der Politik zuwandte. Deutschland war in diesem Krieg besiegt worden, die neue Führung war noch schwach, Tausende von Menschen waren heimatlos, hungrig und ohne Arbeit.

Diese Lage bot Hitler die Möglichkeit, in der Nazipartei schnell aufzusteigen. Er pflichtete der Lehre bei, die Juden seien die Zerstörer aller Kultur, und die Deutschen seien Angehörige einer höherstehenden Rasse. Heute

wissen wir, daß Hitler ein Psychopath war. 1923 wurde er wegen seiner politischen Aktivitäten zu einer Gefängnisstrafe verurteilt, doch im Jahre 1933 übernahm seine Partei die Regierungsmacht in Deutschland.«
Ben schwieg einen Augenblick, damit die Schüler sich ganz auf den Film konzentrieren konnten. Sie sahen jetzt die Gaskammern und Menschenleiber, die wie Brennholz aufgestapelt waren. Noch lebende menschliche Skelette hatten die entsetzliche Aufgabe, die Toten unter den wachsamen Augen der SS-Leute aufzuschichten. Ben spürte Übelkeit in sich aufsteigen. Wie war es nur möglich, daß ein Mensch einen anderen Menschen zu einer solchen Arbeit zwang?
Den Schülern sagte er: »In diesen Todeslagern spielte sich ab, was Hitler die ›Endlösung der Judenfrage‹ nannte. Aber jedermann – nicht nur die Juden – konnte in ein solches Lager geschickt werden, wenn er von den Nazis nicht als tauglich befunden wurde, der ›Herrenrasse‹ anzugehören. In ganz Osteuropa pferchte man die Menschen in Lager. Zunächst leisteten sie harte Arbeit, hungerten, wurden gefoltert, und wenn sie nicht mehr arbeiten konnten, endeten sie in den Gaskammern. Ihre Überreste wurden in den Öfen verbrannt.« Ben schwieg einen Augenblick, ehe er hinzufügte: »Die Lebenserwartung der Gefangenen in den Lagern betrug zweihundertsiebzig Tage. Viele überlebten noch nicht einmal eine Woche.«
Auf der Leinwand sah man jetzt die Gebäude, in denen die Öfen standen. Ben dachte daran, die Schüler darauf aufmerksam zu machen, daß der Rauch, der aus den Schornsteinen aufstieg, das Verbrennen von Menschenfleisch anzeigte. Er tat es nicht. Es war auch so ein schreckliches Erlebnis, diesen Film anzuschauen. Nur gut, daß man noch keine Möglichkeit erfunden hatte,

auch Gerüche im Film wiederzugeben; das Übelste mußte der Gestank sein, der Gestank der niederträchtigsten Tat in der Geschichte der Menschheit.
Der Film endete, und Ben erklärte seinen Schülern: »Insgesamt haben die Nazis über zehn Millionen Männer, Frauen und Kinder in ihren Vernichtungslagern umgebracht.«
Ein Schüler, der dicht bei der Tür saß, schaltete das Licht ein. Als der Lehrer sich im Klassenraum umsah, erkannte er deutlich, daß die meisten Schüler tief betroffen waren. Ben hatte sie nicht schockieren wollen, doch es war ihm klar gewesen, daß dieser Film es tun würde.
Die meisten der Schüler waren in der kleinen Vorstadtgemeinde aufgewachsen, die sich ruhig und friedlich um die Gordon High School ausbreitete. Sie entstammten gesunden Mittelstandsfamilien, und trotz der Fülle von Grausamkeiten, mit denen sie durch die Massenmedien überschüttet wurden, waren sie überraschend naiv. Selbst jetzt wollten einige Schüler wieder mit ihren üblichen oberflächlichen Spielereien beginnen. Ihnen war der Film wahrscheinlich nur wie einer der zahllosen Fernsehfilme vorgekommen, die man ständig sah. Robert Billings, der dicht beim Fenster saß, hatte den Kopf auf die verschränkten Arme gelegt und schlief. Aber ganz vorn saß Amy Smith, und es sah so aus, als wischte sie sich gerade die Tränen aus den Augen. Auch Laurie Saunders sah ganz verstört aus.
»Ich weiß, daß dieser Film viele von euch tief erregt hat«, sagte Ben. »Aber ich habe euch diesen Film heute gerade deswegen gezeigt, weil ich euer Gefühl ansprechen wollte. Ich möchte, daß ihr über das nachdenkt, was ihr gesehen habt und was ich euch erzählt habe. Hat noch jemand Fragen?«
Amy Smith hob sofort die Hand.

»Ja, Amy?«

»Waren alle Deutschen Nazis?« fragte sie.

Ben schüttelte den Kopf. »Nein. Beispielsweise gehörten weniger als zehn Prozent zur Nazipartei.«

»Warum hat dann keiner versucht, die Nazis an dem zu hindern, was sie taten?«

»Das weiß ich nicht genau, Amy. Ich kann nur vermuten, daß sie Angst hatten. Die Nazis waren vielleicht eine Minderheit, aber sie waren eine gut organisierte, bewaffnete und gefährliche Minderheit. Man darf nicht vergessen, daß die übrige Bevölkerung unorganisiert, unbewaffnet und verängstigt war. Alle hatten sie die Inflationszeit erlebt, die ihr Land förmlich ruiniert hatte. Vielleicht hofften manche, die Nazis könnten wieder Ordnung in die Gesellschaft bringen. Jedenfalls haben die meisten Deutschen nach dem Kriege behauptet, sie hätten von den Grausamkeiten nichts gewußt.«

Ein schwarzhaariger Junge namens Eric hob die Hand. »Das ist doch Unsinn!« rief er. »Wie kann man denn Millionen von Menschen abschlachten, ohne daß jemand etwas davon weiß?«

»Ja«, stimmte ihm der Junge zu, der vor der Stunde einen Streit mit Robert Billings angefangen hatte. »Das kann überhaupt nicht stimmen!«

Für Ben war es ganz offensichtlich, daß der Film den größten Teil der Klasse angesprochen hatte, und das freute ihn. Es war gut, daß sie sich über irgend etwas einmal Gedanken machten. »Nun ja«, sagte er zu Eric und Brad, »ich kann euch nur sagen, daß die meisten Deutschen nach dem Krieg behauptet haben, sie hätten von den Konzentrationslagern und den Massenmorden nichts gewußt.«

Jetzt hob Laurie Saunders die Hand. »Aber Eric hat recht«, sagte sie. »Wie konnten sich denn die Deutschen ganz ruhig verhalten, während die Nazis massenweise Menschen abschlachteten, und dann behaupten, sie hätten von alledem nichts gewußt? Wie konnten sie das tun? Und wie konnten sie es auch nur behaupten?«

»Auch dazu kann ich nur sagen, daß die Nazis sehr straff organisiert waren und daß sie gefürchtet wurden. Das Verhalten der übrigen deutschen Bevölkerung ist ein Rätsel: Warum haben sie nicht versucht, das Geschehen aufzuhalten? Wie konnten sie behaupten, von alledem nichts gewußt zu haben? Die Antworten auf diese Fragen kennen wir nicht.«

Eric hob abermals die Hand: »Ich kann jedenfalls nur sagen, daß ich nie zulassen würde, daß eine kleine Minderheit die Mehrheit bevormundet.«

»Stimmt«, bestätigte Brad. »Mich brächten ein paar Nazis nicht dazu, so zu tun, als würde ich nichts mehr hören und sehen!«

Andere Hände waren noch erhoben und kündigten Fragen an, als die Glocke läutete und die Schüler aus dem Klassenraum drängten.

David Collins stand auf. Sein Magen knurrte. Am Morgen war er zu spät aufgestanden und hatte sein übliches dreigängiges Frühstück ausfallen lassen müssen, um nicht zu spät zur Schule zu kommen. Obgleich er von dem Film, den Mister Ross vorgeführt hatte, durchaus beeindruckt war, konnte er im Augenblick nur daran denken, daß jetzt erst einmal Zeit zum Mittagessen war. Er schaute zu seiner Freundin Laurie Saunders hinüber, die noch an ihrem Platz saß.

»Komm, Laurie!« drängte er. »Wir müssen sehen, daß wir schnell in die Cafeteria kommen. Du weißt doch, wie lang sonst die Schlange wird.«

Aber Laurie winkte ihm, er solle schon vorgehen. »Ich komme später nach.«

David zögerte. Er schwankte ein Weilchen, ob er auf seine Freundin warten oder erst einmal seinen hungrigen Magen füllen sollte. Der Magen siegte, und David verließ die Klasse.
Nachdem er fort war, stand Laurie auf und sah ihren Lehrer an. Es waren nur noch wenige Schüler im Raum. Abgesehen von Robert Billings, der gerade aus seinem Schlaf erwachte, waren es vor allem diejenigen, die der Film am stärksten beunruhigt hatte. »Ich kann nicht glauben, daß alle Nazis so grausam gewesen sein sollen«, sagte Laurie zu ihrem Lehrer. »Ich glaube nicht, daß überhaupt jemand so grausam sein kann.«
Ben nickte. »Nach dem Kriege haben viele Nazis versucht, ihr Verhalten damit zu erklären, daß sie nur Befehle ausgeführt hätten und daß jede Weigerung ihr eigenes Leben gefährdet hätte.«
Laurie schüttelte den Kopf. »Das ist keine Entschuldigung. Sie hätten doch fortlaufen können. Sie hätten sich wehren können. Sie hatten doch ihre eigenen Augen und ihren eigenen Verstand. Sie konnten selber denken. Niemand befolgt doch blind solche Befehle!«
»Genau das haben sie aber getan«, wiederholte Ben.
Abermals schüttelte Laurie den Kopf. »Das ist Wahnsinn!« sagte sie. »Das ist vollendeter Wahnsinn!«
Ben konnte nur zustimmend nicken.

Robert Billings versuchte, sich an Bens Tisch vorbeizudrücken. »Robert«, sagte Ben, »warte bitte einen Augenblick.«
Der Junge blieb stehen und konnte dem Lehrer nicht in die Augen sehen.
»Bekommst du zu Hause nicht genug Schlaf?« fragte Ben.
Der Junge nickte.

Ben seufzte. Seit Monaten versuchte er, mit diesem Jungen zu reden. Es gefiel ihm nicht, daß die anderen ihn verspotteten, und es ärgerte ihn, daß Robert nicht wenigstens versuchte, wirklich zur Klasse zu gehören. »Robert«, sagte sein Lehrer streng, »wenn du dich nicht dazu überwinden kannst, im Unterricht mitzuarbeiten, werde ich dir nicht helfen können. Wie die Dinge gegenwärtig liegen, wirst du mit Sicherheit nicht versetzt werden.«
Robert sah flüchtig seinen Lehrer an und wandte dann wieder den Blick ab.
»Hast du mir nichts zu sagen?« fragte Ben.
Robert hob die Schultern. »Das ist mir egal«, sagte er.
»Wie meinst du das? Es ist dir egal?« fragte Ben.
Robert ging ein paar Schritte auf die Tür zu. Ben sah, daß ihm die Fragen unangenehm waren. »Robert?«
Der Junge blieb stehen, konnte seinen Lehrer aber noch immer nicht anschauen. »Es nützt ja doch nichts«, murmelte er.
Ben fragte sich, was er sagen sollte. Roberts Fall war nicht leicht: Er stand ganz im Schatten eines älteren Bruders, der ein wahrer Musterschüler und der Star der Schule gewesen war. Jeff Billings war immer der Sprecher der anderen gewesen. Jetzt studierte er Medizin. Als Schüler hatte er in allen Fächern die besten Noten gehabt, und im Grunde war er ganz genau der Bursche gewesen, den Ben in seiner eigenen Schulzeit nicht hätte ausstehen können.
Da Robert einsah, daß er es mit seinem großen Bruder niemals aufnehmen konnte, hatte er beschlossen, es gar nicht erst zu versuchen.
»Hör zu«, sagte Ben. »Niemand erwartet von dir, daß du ein zweiter Jeff Billings sein sollst!«
Robert sah Ben flüchtig an und fing dann an, an seinem Daumennagel zu kauen.

»Wir erwarten von dir nur, daß du dir ein wenig Mühe gibst.«
»Ich muß jetzt gehen«, sagte Robert und schaute zu Boden.
»Sport finde ich gar nicht so wichtig, Robert«, sagte Ben, doch der Junge ging schon langsam zur Tür.

/3/

David Collins saß auf dem kleinen Platz vor der Cafeteria. Als Laurie kam, hatte er schon sein halbes Mittagessen hinuntergeschlungen und fing an, sich wieder wie ein normaler Mensch zu fühlen. Er sah zu, wie Laurie ihr Tablett neben das seine stellte und bemerkte zugleich, daß auch Robert Billings auf die Tische im Freien zustrebte.

»Schau mal«, wisperte er, als Laurie sich setzte. Sie sahen zu, wie Robert mit seinem Tablett aus der Cafeteria trat und nach einem Platz zum Essen Ausschau hielt. Wie üblich hatte er schon mit dem Essen begonnen. Als er jetzt unter der Tür stehenblieb, ragte ihm ein halber Hot dog aus dem Mund.

Zwei Mädchen aus Ben Ross' Geschichtskurs saßen an dem Tisch, den Robert wählte. Als er sich setzte, standen beide auf und trugen ihre Tabletts zu einem anderen Tisch. Robert tat so, als habe er es nicht bemerkt.

David schüttelte den Kopf. »Der Unberührbare der Gordon High School«, murmelte er.

»Glaubst du, daß mit ihm wirklich etwas nicht in Ordnung ist?« fragte Laurie.

»Ich weiß nicht«, antwortete David. »Soweit ich mich erinnern kann, war er schon immer ziemlich seltsam. Aber ich wäre wahrscheinlich auch seltsam, wenn man

mich so behandeln würde. Man kann es sich kaum vorstellen, daß er und sein Bruder aus ein und derselben Familie stammen.«
»Habe ich dir schon einmal erzählt, daß meine Mutter seine Mutter kennt?« fragte Laurie.
»Redet seine Mutter manchmal über ihn?« erkundigte sich David.
»Nein. Sie hat nur einmal erwähnt, daß er getestet wurde. Er hat einen ganz normalen Intelligenzquotienten. Dumm oder so etwas ist er nicht.«
»Bloß komisch«, sagte David und wandte sich wieder seinem Essen zu. Aber Laurie stocherte nur auf ihrem Teller herum. Sie schien nachdenklich zu sein.
»Was ist?« fragte David.
»Dieser Film«, antwortete Laurie, »der beschäftigt mich wirklich. Dich nicht?«
David dachte einen Augenblick nach, ehe er antwortete: »Doch, ja, als etwas Entsetzliches, das einmal in der Vergangenheit geschehen ist, beschäftigt es mich schon. Aber das ist lange her, Laurie. Für mich ist das einfach Geschichte. Was damals geschehen ist, kann man heute nicht mehr ändern.«
»Aber man darf es auch nicht vergessen«, meinte Laurie. Sie nahm einen Bissen von ihrem Hamburger, verzog das Gesicht und hörte auf zu essen.
»Und man kann sich auch nicht sein Leben lang damit herumschlagen«, sagte David und betrachtete den Hamburger, den Laurie zurückgelegt hatte. »Ißt du den noch?«
Laurie schüttelte den Kopf. Der Film hatte ihr den Appetit verdorben. »Bediene dich!«
David verschlang nicht nur ihren Hamburger, sondern auch den Salat, die Pommes frites und das Eis. Laurie schaute zwar in seine Richtung, doch sah sie ihn nicht an.

»Das war gut!« sagte David und wischte sich die Lippen mit der Serviette.
»Möchtest du noch etwas?« fragte Laurie.
»Also, wenn ich ehrlich sein soll . . .«
»He, ist der Platz besetzt?« fragte eine Stimme hinter ihnen.
»Ich war zuerst hier«, sagte eine andere Stimme.
David und Laurie blickten auf und sahen, daß Amy Smith und Brian Ammon aus entgegengesetzten Richtungen auf ihren Tisch zustrebten.
»Wie meinst du das, du warst zuerst hier?« fragte Brian.
»Ich meine, ich wollte gern zuerst hier sein«, antwortete Amy.
»Wollen zählt nicht«, behauptete Brian. »Übrigens brauche ich den Platz, weil ich mich mit David über Football unterhalten muß.«
»Und ich muß mit Laurie reden«, erwiderte Amy.
»Worüber?« fragte Brian.
»Darüber, daß ich ihr Gesellschaft leisten will, solange ihr über euren langweiligen Football redet.«
»Hört auf!« warf Laurie ein. »Es ist genug Platz für beide.«
»Aber diese beiden brauchen Platz für drei«, behauptete Amy und deutete mit einer Kopfbewegung auf Brian und David.
»Ha, ha, ha«, brummte Brian.
David und Laurie rückten zusammen, Amy und Brian zwängten sich zu ihnen an den Tisch. Mit dem Platz für drei hatte Amy recht gehabt, denn Brian brachte zwei gefüllte Tabletts mit.
»Sag mal, was willst du denn mit dem ganzen Zeug anfangen?« fragte David und klopfte Brian auf die Schulter. Für einen Verteidiger war Brian nicht besonders groß. David überragte ihn um einen ganzen Kopf.

»Ich muß ein bißchen Gewicht zulegen«, brummte Brian und machte sich über sein Essen her. »Ich brauche jedes einzelne Pfund, wenn es am kommenden Samstag gegen diese Brocken aus Clarkstown geht. Die sind groß. Wirklich riesig, meine ich. Einen Zwei-Meter-Mann sollen sie haben, der über zwei Zentner wiegt.«
»Ich verstehe nicht, warum du dir deswegen Sorgen machst. Wenn einer so ein Riese ist, kann er doch unmöglich schnell laufen.«
Brian verdrehte die Augen. »Er muß auch nicht laufen, Amy. Er muß nur einfach Gegner niederwalzen.«
»Habt ihr am Samstag überhaupt eine Chance?« fragte Laurie. Sie dachte an den Artikel, den sie für die »Ente« brauchten.
»Ich weiß nicht«, entgegnete David achselzuckend. »Die Mannschaft ist ziemlich durcheinander, und wir haben jede Menge Trainingsrückstand. Die halbe Mannschaft versäumt regelmäßig das Training.«
»Ja«, stimmte Brian zu. »Trainer Schiller hat gedroht, jeden aus der Mannschaft zu werfen, der nicht zum Training kommt, aber wenn er das täte, dann hätte er nicht mehr genug Spieler.«
Danach schien niemand mehr etwas zum Thema Football zu sagen zu haben, und Brian biß in seinen zweiten Hamburger.
Davids Gedanken wandten sich anderen dringenden Themen zu. »Sagt mal, versteht einer von euch etwas von Infinitesimalrechnung?«
»Warum suchst du dir so einen Kurs aus?« fragte Amy.
»Wer Ingenieur werden will, braucht das«, erklärte David.
»Und warum wartest du damit nicht bis zum College?« fragte Brian.
»Ich hab gehört, es soll so schwierig sein, daß man es

zweimal hören muß, um es einmal zu begreifen«, erklärte David. »Also nehme ich es einmal jetzt und einmal später.«
Amy stieß Laurie an. »Dein Freund ist komisch«, behauptete sie.
»Weil wir gerade von komisch reden«, wisperte Brian und deutete mit dem Kopf auf Robert Billings.
Alle schauten zu Robert Billings hinüber, der allein an seinem Tisch saß und in ein Comic-Heft vertieft war. Seine Lippen bewegten sich beim Lesen, und über sein Kinn verlief eine Ketchupspur.
»Habt ihr gesehen, wie er den ganzen Film verschlafen hat?« fragte Brian.
»Erinnere Laurie nicht an den Film«, warnte David. »Sie ist noch ganz durcheinander.«
»Was ist mit dem Film?« fragte Brian.
»Mußt du das denn gleich jedem erzählen?« fragte Laurie und warf David einen verärgerten Blick zu.
»Es stimmt doch. Oder etwa nicht?«
»Ach, laß mich doch in Ruhe!« fuhr Laurie ihn an.
»Ich verstehe dich gut«, versicherte Amy. »Mich hat der Film auch ganz fertiggemacht.«
Laurie wandte sich an David. »Siehst du? Ich bin nicht die einzige, die betroffen ist.«
»Langsam«, wehrte sich David. »Ich sage doch nicht, daß der Film mich kaltgelassen hat. Ich meine nur, das ist doch jetzt alles vorbei. Vergiß es! Es ist einmal geschehen, und die Welt hat etwas daraus gelernt. Es wird nie wieder geschehen.«
»Hoffentlich«, antwortete Laurie und nahm ihr Tablett vom Tisch.
»Wohin gehst du?« fragte David.
»Ich habe noch für die ›Ente‹ zu arbeiten.«
»Warte«, bat Amy. »Ich komme mit.«

David und Brian sahen den beiden Mädchen nach.
»Der Film scheint sie wirklich mächtig aufgeregt zu haben, wie?« sagte Brian.
David nickte. »Ja. Sie nimmt so etwas immer gleich viel zu ernst.«

Amy Smith und Laurie Saunders saßen im Redaktionsbüro. Amy gehörte nicht zu den Mitarbeitern der Schülerzeitung, aber sie saß oft hier mit Laurie beisammen. Die Tür konnte man abschließen, und Amy saß meistens am offenen Fenster mit einer Zigarette in der Hand, deren Rauch sie zum Fenster hinausblies. Kam ein Lehrer, so konnte sie die Zigarette einfach aus dem Fenster fallen lassen, und es roch kaum nach Rauch.
»Der Film war entsetzlich«, sagte Amy.
Laurie nickte.
»Hast du dich mit David gestritten?« fragte ihre Freundin.
»Eigentlich nicht.« Laurie mußte ein wenig lächeln. »Ich möchte einfach nur, daß er irgend etwas *außer* Football ernst nimmt. Manchmal ist er wirklich ein Hohlkopf.«
»Bei seinen Noten? Jedenfalls ist er dann kein dummer Hohlkopf wie Brian.«
Die beiden Mädchen lachten, dann fragte Amy: »Warum will er ausgerechnet Ingenieur werden? Das klingt so langweilig.«
»Er will irgend etwas mit Computern machen«, erklärte Laurie. »Hast du mal den gesehen, den er zu Hause hat? Den hat er selbst gebaut!«
»Muß ich übersehen haben«, antwortete Amy gleichgültig. »Hast du übrigens schon überlegt, was du im nächsten Jahr tun willst?«
Laurie schüttelte den Kopf. »Vielleicht gehen wir gemeinsam irgendwohin. Das hängt ganz davon ab, wo wir angenommen werden.«

»Na, da werden deine Eltern aber begeistert sein«, sagte Amy.
»Ich glaube, sie haben nicht viel dagegen«, meinte Laurie.
»Warum heiratet ihr nicht einfach?«
Laurie verzog das Gesicht. »Ach, Amy! Ich glaube schon, daß ich David wirklich liebe, aber wer will denn jetzt schon heiraten?«
Amy lächelte. »Ich weiß nicht. Wenn David mich fragen würde, dann könnte ich schon darüber nachdenken, glaube ich.«
Laurie lachte. »Soll ich ihm einen Tip geben?«
»Hör auf, Laurie. Du weißt genau, wie gern er dich hat. Er sieht andere Mädchen nicht einmal an.«
»Das kann ich ihm auch nur raten«, sagte Laurie, die durchaus ein wenig Neid aus Amys Worten heraushörte. Seitdem Laurie mit David ging, hatte sich auch Amy immer mit einem Footballspieler verabreden wollen. Manchmal störte es Laurie, daß zu ihrer Freundschaft immer eine Art Wettbewerb um Jungen, Noten, Beliebtheit gehörte, überhaupt um alles, was sich zu einem Wettbewerb eignete. Obgleich sie beste Freundinnen waren, hinderte dieser beständige Wettbewerb sie daran, einander wirklich nahe zu sein.
Plötzlich wurde laut an die Tür geklopft, und jemand versuchte zu öffnen. Die beiden Mädchen fuhren zusammen. »Wer ist da?« fragte Laurie.
»Direktor Owens«, antwortete eine tiefe Stimme. »Warum ist diese Tür abgeschlossen?«
Amys Augen wurden ganz groß vor Schreck. Sie ließ ihre Zigarette fallen und durchsuchte ihre Taschen nach einem Kaugummi oder einem Stück Pfefferminz.
»Oh, das muß aus Versehen geschehen sein«, antwortete Laurie und ging zur Tür.

»Sofort aufmachen!«
Laurie warf der entsetzten Amy einen hilflosen Blick zu und öffnete die Tür.
Draußen standen Carl Block, Reporter der »Ente«, und Alex Cooper, der die Musikberichte schrieb. Beide grinsten.
»Ach, ihr!« sagte Laurie verärgert. Amy sah aus, als wollte sie gleich ohnmächtig zu Boden sinken, als die beiden größten Witzbolde der Schule eintraten.
Carl war ein großer, dürrer und hellblonder Junge. Der dunkelhaarige, stämmige Alex hatte über seinen Kopfhörer die Ohren voll Musik. »Geht hier etwas Verbotenes vor?« fragte Carl und ließ die Augenbrauen auf und ab zucken.
»Deinetwegen habe ich eine kostbare Zigarette verschwendet«, beklagte sich Amy.
»Aber, aber ...«, sagte Alex und schüttelte den Kopf.
»Wie geht's mit der Zeitung voran?« fragte Carl.
Laurie war fast verzweifelt. »Das fragst du? Und dabei hat keiner von euch beiden bisher seine Arbeit abgeliefert!«
»Oh ...« Alex schaute auf seine Uhr und zog sich zur Tür zurück. »Mir fällt gerade ein, daß ich das Flugzeug nach Argentinien nicht verpassen darf.«
»Ich fahre dich zum Flughafen!« versicherte Carl und ging ihm nach.
Laurie schaute Amy an und schüttelte müde den Kopf. »Diese beiden!« murmelte sie und ballte die Faust.

/4/

Irgend etwas störte Ben Ross. Er wußte nicht genau, was es war, aber die Fragen der Schüler nach dem Geschichtskurs hatten etwas damit zu tun. Warum hatte er den Mädchen und Jungen keine präzisen Antworten auf ihre Fragen geben können? War das Verhalten der Mehrheit während der Naziherrschaft wirklich so unerklärlich?

Ehe er am Nachmittag die Schule verließ, ging er noch in die Bibliothek und nahm einen Armvoll Bücher mit nach Hause. Christy, seine Frau, würde am Abend mit Freunden Tennis spielen, also konnte er lange ungestört seine Gedanken weiterverfolgen.

Jetzt, nachdem er einige Stunden gelesen hatte, wußte Ben, daß er die richtige Antwort nirgendwo in Büchern finden konnte. Er fragte sich, ob es sich hier um etwas handelte, was die Historiker zwar wußten, aber nicht mit Worten erklären konnten. Konnte man es überhaupt nur an Ort und Stelle richtig verstehen? Oder vielleicht dadurch, daß man eine ähnliche Situation schuf?

Dieser Gedanke beschäftigte ihn. Vielleicht sollte er eine Stunde oder zwei auf ein Experiment verwenden und den Schülern ein Gefühl dafür geben, was es bedeutet haben mochte, in Nazi-Deutschland zu leben? Wenn es ihm gelang, eine treffende Situation zu erfinden, konnte er damit die Schüler wirklich weit stärker beeindrucken als mit allem, was Bücher erklären konnten. Es war jedenfalls einen Versuch wert.

Christy Ross kam an diesem Abend erst nach elf Uhr heim. Sie hatte mit Freunden Tennis gespielt und war dann mit ihnen zum Essen gegangen. Als sie heimkam, saß ihr Mann inmitten von Büchern am Küchentisch.
»Hausaufgaben?«
»Gewissermaßen, ja«, antwortete Ben, ohne von seinen Büchern aufzublicken.
Auf einem der Bücher entdeckte Christy ein leeres Glas und einen Teller mit den letzten Krümeln von einem Sandwich. »Wenigstens hast du noch daran gedacht, etwas zu essen«, sagte sie, während sie den Teller fortnahm.
Ihr Mann antwortete nicht. Er war noch immer ganz in sein Buch versunken.
»Ich wette, du brennst darauf, zu erfahren, wie hoch ich Betty Lewis heute geschlagen habe«, sagte sie neckend.
Ben blickte auf. »Was sagst du?«
»Ich habe gesagt, daß ich Betty Lewis heute geschlagen habe.«
Ihr Mann sah völlig verständnislos drein. Seine Frau lachte. »Betty Lewis! Du weißt doch, die Betty, gegen die ich noch nie mehr als zwei Spiele in einem Satz gewonnen habe. Heute habe ich sie geschlagen. In zwei Sätzen. Sechs zu vier und sieben zu fünf.«
»Sehr gut«, sagte er und las weiter.
Ein anderer wäre durch seine offenbare Unhöflichkeit vielleicht verletzt gewesen; Christy war es nicht. Sie wußte, daß Ben zu den Menschen gehörte, die ganz und gar in einer Sache versinken können, so sehr, daß sie vergessen, daß es noch etwas anderes auf der Welt gibt.

Sie erinnerte sich noch sehr gut, wie er sich während des Studiums für amerikanische Indianer zu interessieren begann: Monatelang war er so sehr mit Indianern beschäftigt, daß er den Alltag völlig vergaß. An den Wochenenden besuchte er Reservate oder durchforschte alle möglichen Büchereien nach staubigen Bänden. Er brachte sogar Indianer zum Essen mit heim und trug Mokassins! An manchen Morgen fragte sich Christy, wann er in Kriegsbemalung erscheinen würde . . .
Aber so war Ben nun einmal. Einmal, während der Sommerferien, hatte sie ihm Bridge beigebracht, und innerhalb eines Monats war er ein besserer Spieler als sie selbst geworden, der unablässig darauf bestand, in jeder freien Minute Bridge zu spielen. Seine Begeisterung ließ erst nach, als er ein örtliches Turnier gewonnen hatte und keine würdigen Gegner mehr finden konnte. Es war fast beängstigend, wie sehr er sich in jedes neue Abenteuer einlebte.
Seufzend betrachtete Christy die auf dem Tisch verstreuten Bücher. »Was ist es denn diesmal? Wieder die Indianer? Astronomie? Die Verhaltensmuster der Mörderwale?«
Als ihr Mann nicht antwortete, nahm sie einige der Bücher zur Hand. »Aufstieg und Fall des Dritten Reiches? Die Hitler-Jugend?« Sie sah ihn fragend an. »Was hast du vor? Willst du eine Diktatorprüfung bestehen?«
»Das finde ich nicht komisch«, antwortete Ben, ohne aufzublicken.
»Da hast du recht«, gab Christy zu.
Ben Ross lehnte sich zurück und sah seine Frau an. »Einer meiner Schüler hat mir heute eine Frage gestellt, die ich nicht beantworten konnte.«
»Was ist daran neu?« fragte Christy.
»Ich glaube auch nicht, daß ich die Antwort bisher ir-

gendwo aufgeschrieben gefunden habe«, erklärte Ben. »Es ist vielleicht eine Antwort, die sie selbst aus Erfahrung finden müssen.«
Christy nickte. »Dann kann ich mir schon vorstellen, was das heute für eine Nacht wird. Vergiß aber bitte nicht, daß du morgen ausgeschlafen genug sein mußt, um einen ganzen Tag lang zu unterrichten.«
Ihr Mann nickte. »Ja, ja, ich weiß.«
Christy beugte sich über ihn und küßte ihn auf die Stirn. »Und versuch bitte, mich nicht zu wecken, falls du heute nacht doch noch schlafen solltest.«

5

Am nächsten Morgen kamen die Schüler so langsam und träge wie immer zum Unterricht. Manche setzten sich, andere standen herum und redeten miteinander. Robert Billings stand am Fenster und verknotete die Zugschnüre der Gardinen. Während er damit beschäftigt war, ging sein ständiger Quäler Brad an ihm vorbei und schlug ihm auf den Rücken, womit er unauffällig einen Zettel mit der Aufschrift »Tritt mich!« an Roberts Hemd befestigte.

Es schien eine ganz normale Geschichtsstunde zu werden, bis die Schüler bemerkten, daß ihr Lehrer in großen Buchstaben an die Tafel geschrieben hatte:

MACHT DURCH DISZIPLIN

»Was soll denn das bedeuten?« fragte einer.

»Das werde ich euch erklären, sobald ihr alle sitzt«, antwortete Ben Ross, und als alle Schüler an ihren Plätzen saßen, begann er: »Ich werde heute mit euch über Disziplin sprechen.«

Man vernahm allgemeines Stöhnen. Es gab manche Lehrer, bei denen man vorher schon wußte, daß ihr Unterricht langweilig sein würde, aber die meisten Schüler erwarteten von Ben Ross' Geschichtsstunden alles andere als langweilige Vorträge über Disziplin und solchen Kram.

»Wartet ab!« riet Ben. »Ehe ihr urteilt, solltet ihr erst einmal zuhören. Es könnte ganz spannend werden.«
»Ja, bestimmt«, sagte einer.
»Ja, ganz bestimmt sogar«, erwiderte Ben. »Wenn ich über Disziplin rede, dann rede ich auch von der Macht«, sagte er. »Und ich rede vom Erfolg. Erfolg durch Disziplin. Ist hier irgend jemand, der sich nicht für Macht und Erfolg interessiert?«
»Robert, wahrscheinlich«, meinte Brad, und einige kicherten.
»Warten wir's ab«, entgegnete Ben. »David, Brian, Eric, ihr spielt Football. Also wißt ihr auch, daß Disziplin notwendig ist, wenn man gewinnen will.«
»Wahrscheinlich haben wir deshalb seit zwei Jahren kein Spiel mehr gewonnen«, sagte Eric, und die Klasse lachte.
Der Lehrer brauchte einige Augenblicke, um alle wieder zu beruhigen. »Hört zu!« sagte er und deutete auf eine besonders hübsche, rothaarige Schülerin, die aufrechter als die anderen auf ihrem Stuhl zu sitzen schien. »Andrea, du bist Ballettänzerin. Müssen Tänzer nicht viele, viele Stunden lang hart arbeiten, um ihre Fähigkeiten zu entwickeln?«
Sie nickte, und Ross wandte sich an die übrige Klasse. »Genauso ist es mit allen Künsten. Das Malen, das Schreiben, die Musik – alles verlangt jahrelanges Üben, wenn man es wirklich beherrschen will. Harte Arbeit, Disziplin und Kontrolle.«
»Ja, und?« fragte ein Schüler, der mehr auf seinem Stuhl lag als saß.
»Ich werde es euch zeigen. Nehmen wir einmal an, ich könnte euch beweisen, daß wir durch Disziplin Macht gewinnen können. Nehmen wir an, wir könnten das gleich hier im Klassenzimmer tun. Was würdet ihr dazu sagen?«

Ross hatte als Reaktion darauf irgendeinen Witz erwartet, und er war überrascht, als der ausblieb. Das Interesse und die Neugier der Schüler schienen geweckt zu sein. Ben ging an seinen Platz und stellte seinen Stuhl so, daß alle ihn sehen konnten.

»Also gut«, sagte er. »Disziplin beginnt mit der Haltung. Amy, komm bitte einmal her!«

Als Amy aufstand, murmelte Brian: »Die Vorzugsschülerin!« Üblicherweise hätte die Klasse darüber gelacht, aber jetzt grinsten nur ein paar, die anderen achteten nicht darauf. Alle fragten sich, was ihr Lehrer vorhaben mochte.

Als Amy sich vor den anderen auf den Stuhl gesetzt hatte, erklärte er ihr, wie sie sitzen solle. »Kreuze die Hände auf dem Rücken und sitze absolut aufrecht. Merkst du, daß du jetzt leichter atmen kannst?«

Mehrere Schüler ahmten Amys Haltung nach. Aber wenn sie jetzt auch sehr aufrecht saßen, konnten manche das doch nur komisch finden. David versuchte einen Scherz: »Ist das hier Geschichtsunterricht, oder bin ich versehentlich in die Sportstunde geraten?« fragte er. Einige lachten, versuchten aber zugleich, ihre Haltung zu verbessern.

»Versuch es, David«, sagte Ben. »Kluge Bemerkungen haben wir jetzt genug gehört.«

Mürrisch richtete David sich auf seinem Stuhl auf. Inzwischen ging der Lehrer von einem Platz zum anderen und überprüfte die Haltung jedes einzelnen Schülers. Es ist erstaunlich, dachte Ross. Irgendwie hatte er sie eingefangen . . . sogar Robert . . .

»Klasse!« sagte er. »Ich möchte, daß ihr euch alle anseht, wie Robert sitzt. Die Beine sind parallel, die Füße berühren einander, die Knie sind in einem Winkel von neunzig Grad gebeugt. Seht ihr, wie senkrecht seine

Wirbelsäule ist? Das Kinn ist angezogen, der Kopf gehoben. Das ist sehr gut, Robert!«
Robert, der Prügelknabe der Klasse, sah seinen Lehrer an und lächelte kurz, dann verfiel er wieder in seine steife Haltung. Überall im Raum versuchten die Schüler, ihn nachzuahmen.
Ben ging nach vorn. »Gut. Und jetzt möchte ich, daß ihr alle aufsteht und in der Klasse auf und ab geht. Sobald ich es befehle, kehrt jeder so schnell wie möglich an seinen Platz zurück und nimmt die soeben eingeübte Haltung ein. Los, aufstehen!«
Die Schüler standen auf und schlenderten durch die Klasse. Ben wußte, daß er ihnen nicht zuviel Zeit geben durfte, weil sie sonst die nötige Konzentration verlieren würden. Darum sagte er bald: »Setzen!«
Die Schüler eilten an ihre Plätze. Es gab ein ziemliches Gewirr, man lief gegeneinander, einige lachten, aber das vorherrschende Geräusch war das der schurrenden Stuhlbeine, als die Schüler sich wieder setzten.
Ben schüttelte den Kopf. »Das war das wildeste Durcheinander, das ich je gesehen habe. Wir spielen hier nicht irgendein Spielchen, sondern machen eine Haltungs- und Bewegungsübung. Versuchen wir es noch einmal. Aber diesmal ohne Geschwätz. Je konzentrierter ihr seid, desto schneller werdet ihr eure Plätze erreichen. Fertig? Los, aufstehen!«

Zwanzig Minuten lang übte die Klasse aufzustehen, in scheinbarer Unordnung durch die Klasse zu schlendern, auf Befehl des Lehrers schnell an die Plätze zurückzukehren und die richtige Haltung einzunehmen. Ben gab seine Befehle nicht wie ein Lehrer, sondern wie ein Unteroffizier auf dem Kasernenhof. Sobald das reibungslos klappte, baute Ben eine neue Schwierigkeit ein. Die

Schüler mußten noch immer ihre Plätze verlassen und zu ihnen zurückkehren, doch jetzt vom Flur her, und Ben stoppte die Zeit.
Beim ersten Versuch vergingen achtundvierzig Sekunden. Beim zweitenmal gelang es in einer halben Minute. Vor dem letzten Versuch hatte David eine Idee.
»Hört mal!« sagte er zu seinen Mitschülern, als sie draußen auf den Befehl des Lehrers warteten. »Wir stellen uns gleich so auf, daß die ganz vorn stehen, die es bis zu ihrem Platz am weitesten haben. Dann laufen wir uns wenigstens nicht gegenseitig um.«
Die anderen stimmten zu. Als sie sich in der richtigen Reihenfolge aufgestellt hatten, bemerkten sie, daß Robert jetzt ganz vorn stand. »Der neue Anführer der Klasse«, flüsterte einer, während sie auf das Zeichen warteten. Ben schnippte mit den Fingern, und die Reihe der Schüler eilte eifrig und still in den Raum. Als der letzte Schüler saß, stoppte Ben die Zeit. Er lächelte. »Sechzehn Sekunden!«
Die Klasse jubelte.
»Ja, gut, seid jetzt still«, sagte der Lehrer. Zu seiner Überraschung beruhigten sich die Schüler fast augenblicklich. Die Ruhe, die plötzlich im Raum herrschte, war fast unheimlich. So still war es in der Klasse sonst nur, wenn sie leer war.
»Und nun gibt es noch drei Regeln, die ihr zu beachten habt«, erklärte Ben. »Erstens: Jeder muß Block und Kugelschreiber für Notizen bereithalten. Zweitens: Wer eine Frage stellt oder beantwortet, muß aufstehen und sich neben seinen Stuhl stellen. Drittens: Jede Frage oder Antwort beginnt mit den Worten ›Mister Ross‹. Ist das klar?«
Alle nickten.
»Gut«, sagte Mr. Ross. »Brian, wer war britischer Premierminister vor Churchill?«

Brad blieb sitzen und kratzte sich hinter dem Ohr. »Hm, war das nicht . . .«
Doch ehe er mehr sagen konnte, unterbrach ihn Ben. »Falsch, Brad. Du hast die Regeln schon wieder vergessen, die ich gerade aufgestellt habe.« Er blickte zu Robert hinüber. »Robert, zeige du Brad, wie man eine Frage richtig beantwortet.«
Sofort stand Robert straff aufgerichtet neben seinem Stuhl. »Mister Ross!«
»Richtig!« bestätigte der Lehrer. »Danke, Robert!«
»Ach, das ist doch blöd!« murrte Brad.
»Aber bloß, weil du es nicht richtig gemacht hast«, sagte einer.
»Brad«, wiederholte Ben Ross, »wer war Premierminister vor Churchill?«
Diesmal stand Brad auf. »Mister Ross, es war, hm, Premierminister, ich glaube . . .«
»Du bist noch zu langsam, Brad«, erklärte der Lehrer. »Von jetzt an antwortet jeder so kurz wie möglich, und ihr spuckt die Antwort förmlich aus, sobald ihr gefragt werdet. Versuch es noch einmal, Brad!«
Diesmal sprang Brad auf. »Mister Ross, Chamberlain!«
Ben nickte zustimmend. »Jawohl, so beantwortet man Fragen. Schnell, präzise und mit Nachdruck. Andrea, in welches Land fiel Hitler im September 1939 ein?«
Die Ballettänzerin Andrea stand steif neben ihrem Stuhl. »Mister Ross, ich weiß es nicht.«
Mr. Ross lächelte. »Trotzdem ist es eine gute Antwort, weil du die richtige Form gewählt hast. Amy, weißt du es?«
Amy sprang auf. »Mister Ross, Polen!«
»Ausgezeichnet«, sagte Ben. »Brian, wie hieß Hitlers politische Partei?«
Brian stand schnell auf. »Mister Ross, die Nazis.«

Mister Ross nickte. »Das war gut, Brian. Sehr schnell. Weiß aber auch jemand den offiziellen Namen der Partei? Laurie?«

Laurie Saunders stellte sich neben ihren Stuhl. »Die Nationalsozialistische . . .«

»Nein!« unterbrach sie der Lehrer scharf und schlug mit einem Lineal auf sein Pult. »Noch einmal, aber korrekt, bitte ich mir aus!«

Laurie setzte sich, und ihr Gesicht verriet ihre Verwirrung. Was hatte sie denn falsch gemacht? David beugte sich zu ihr und flüsterte ihr etwas ins Ohr. Sie stand wieder auf. »Mister Ross, die Nationalsozialistische Deutsche Arbeiterpartei.«

»Richtig«, bestätigte Ben.

Er stellte noch viele Fragen, und immer sprangen seine Schüler auf und bewiesen, daß sie nicht nur die richtigen Antworten kannten, sondern auch die Form beherrschten, in der sie zu geben waren. Es herrschte eine völlig andere Atmosphäre als sonst in der Klasse, doch weder Ben noch seine Schüler dachten darüber nach. Sie waren viel zu sehr in dieses neue Spiel versunken. Geschwindigkeit und Genauigkeit der Fragen und Antworten wirkten irgendwie erheiternd. Ben schwitzte schon bald, während er eine Frage der anderen nachjagte und die Schüler aufsprangen und wie aus der Pistole geschossen antworteten.

»Peter, von wem stammte der Vorschlag zum Leih-Pacht-System im Zweiten Weltkrieg?«

»Mister Ross, von Roosevelt.«

»Richtig. Eric, wer starb in den Todeslagern?«

»Mister Ross, die Juden!«

»Noch jemand, Brad?«

»Mister Ross, Zigeuner, Homosexuelle, Geisteskranke.«

»Amy, warum wurden sie ermordet?«

»Mister Ross, weil sie nicht zur Herrenrasse gehörten.«
»Richtig. David, wer befehligte die Todeslager?«
»Mister Ross, die SS!«
»Ausgezeichnet!«
Die Glocke läutete zum Ende der Stunde, doch in der Klasse verließ niemand seinen Platz. Noch ganz mitgerissen vom Fortschritt, den die Klasse heute erzielt hatte, erteilte Ben den letzten Befehl des Tages. »Heute abend lest ihr das siebte Kapitel zu Ende und beginnt das Kapitel acht. Das ist alles. Wegtreten!«
Es sah aus, als stünde die Klasse in einer einzigen gemeinsamen Bewegung auf; dann eilten die Schüler in bemerkenswerter Ordnung hinaus.

»Mann, das war toll!« sagte Brian in einer für ihn ganz untypischen Begeisterung. Er stand mit einigen anderen Schülern aus dem Geschichtskurs auf dem Flur beisammen und spürte noch immer diese seltsame Energie, die er während des Unterrichts empfunden hatte.
»So etwas habe ich in meinem ganzen Leben noch nicht gefühlt«, sagte Eric.
»Jedenfalls ist es besser als immer nur das langweilige Mitschreiben«, meinte Amy. Brian und einige andere stimmten ihr zu.
»Es war wirklich anders als sonst«, sagte David. »Es war so, als hätten wir alle gemeinsam etwas getan. Wir waren nicht einfach eine Klasse; wir waren eine Einheit. Erinnert ihr euch, was Mister Ross über Macht gesagt hat? Ich glaube, er hat recht. Habt ihr das nicht auch gefühlt?«
»Ach, du nimmst das viel zu ernst«, widersprach Brad hinter ihm.
»Meinst du?« fragte David zurück. »Was hast du dann für eine Erklärung dafür?«

Brad zuckte die Achseln. »Was gibt es da zu erklären? Ross hat Fragen gestellt, wir haben geantwortet. Es war wie immer im Unterricht, nur daß wir gerade gesessen sind und bei den Antworten neben unseren Stühlen gestanden haben. Ich glaube, ihr macht da viel Lärm um nichts.«
»Ich weiß nicht recht, Brad«, sagte David, während er sich abwandte und von der Gruppe fortging.
»Wohin gehst du?« fragte Brian.
»Aufs Klo«, antwortete David. »Ich treffe euch nachher in der Cafeteria.«
»Okay!«
»Vergiß aber nicht, daß du gerade sitzen mußt!« mahnte Brad, und die anderen lachten.
David war nicht ganz sicher, ob Brad nun recht hatte oder nicht. Vielleicht machte er aus einer Mücke einen Elefanten, aber andererseits hatte er wirklich dieses Gefühl von Gruppengeschlossenheit gehabt. Vielleicht bedeutete das innerhalb der Klasse keinen besonderen Unterschied. Schließlich beantwortete man nur Fragen, weiter nichts. Aber wenn man nun dieses Gruppengefühl, dieses Bewußtsein gesteigerter Energie, auf die Footballmannschaft übertragen konnte? Zur Mannschaft gehörten ein paar gute Sportler, und es ärgerte David, daß die Ergebnisse so miserabel waren: So schlecht waren die Spieler doch wirklich nicht. Sie waren nur unzureichend motiviert und zu unorganisiert. David wußte ganz sicher: Wenn er das Team nur halb so sehr zusammenfassen konnte, wie Mr. Ross es heute in seinem Geschichtskurs getan hatte, dann könnten sie fast jede Mannschaft in der Umgebung einfach auseinandernehmen . . .
Während David sich noch im Toilettenraum aufhielt, hörte er das zweite Läuten, das den Beginn der nächsten

Schulstunde ankündigte. Er ging zum Waschbecken, als er plötzlich jemanden sah und stehenblieb. Vor den Spiegeln stand nur noch ein einziger Schüler: Robert. Er stopfte sein Hemd in den Gürtel und bemerkte nicht, daß er nicht allein war. Während David ihm zusah, strich der absolute Versager der Klasse sich das Haar glatt und betrachtete sein Spiegelbild. Dann stand er plötzlich ganz starr und steif aufgerichtet da. Nur seine Lippen bewegten sich wie zu einer Antwort.
David blieb wie gebannt stehen, während Robert die richtige Haltung bei der Beantwortung einer Lehrerfrage einübte.

Spät am Abend saß Christy Ross im Schlafzimmer auf dem Bettrand und kämmte ihr langes, kastanienbraunes Haar. Ben nahm einen Schlafanzug aus der Kommode. »Weißt du«, sagte er, »ich war überzeugt, sie hätten etwas dagegen, sie würden sich nicht zwingen lassen, wie die Puppen zu sitzen, aufzuspringen und ihre Antworten herauszuschreien. Aber sie haben sich eher so benommen, als hätten sie ihr Leben lang auf so etwas gewartet.«
»Glaubst du nicht, daß es einfach ein Spiel für sie war, daß sie einen Schnelligkeitswettbewerb ausgetragen haben?«
»Das hat sicher dazu beigetragen«, stimmte Ben zu. »Aber selbst ein Spiel wählt man aus, oder man lehnt es ab. Sie mußten dieses Spiel nicht spielen, sie wollten es. Und was ich am unheimlichsten fand: Sobald wir einmal angefangen hatten, spürte ich, daß sie mehr davon wollten. Sie wollten diszipliniert werden. Und jedesmal, wenn sie eine neue Regel beherrschten, wollten sie eine neue. Als es am Ende der Stunde läutete, blieben sie auf ihren Plätzen sitzen. Ich bin ganz sicher, daß es für sie mehr als ein Spiel war.«

Christy hörte auf, ihr Haar zu kämmen. »Wie denn? Sie sind tatsächlich noch nach dem Läuten geblieben?« fragte sie ungläubig.
Ben nickte. »Genau das meine ich.«
Seine Frau sah ihn skeptisch an, dann lächelte sie. »Ben, ich glaube, du hast ein Monster erschaffen.«
»Wohl kaum«, gab er lachend zurück.
Christy legte den Kamm aus der Hand und cremte ihr Gesicht ein. Ben zog die Pyjamajacke über. Christy wartete, daß ihr Mann sie wie üblich küßte, doch der Gutenachtkuß blieb heute aus. Ben war noch zu sehr in seine Gedanken versunken.
»Ben?« sagte Christy.
»Ja?«
»Meinst du, daß du diese Sache morgen fortsetzen solltest?«
»Ich glaube nicht«, antwortete ihr Mann. »Wir müssen allmählich zum japanischen Feldzug übergehen.«
Christy schloß die Cremedose und lehnte sich zurück. Ben hatte sich noch immer nicht gerührt. Er hatte seiner Frau erzählt, wie überraschend die Schüler auf seinen Versuch eingegangen waren, aber er hatte ihr nicht gesagt, daß auch er ganz davon eingefangen gewesen war. Es war fast peinlich, zuzugeben, daß auch er sich von einem so simplen Spiel fesseln lassen konnte. Aber wenn er darüber nachdachte, war ihm klar, daß genau dies geschehen war. Der lebhafte Austausch von Fragen und Antworten, das Bemühen um Disziplin – das alles war ansteckend gewesen und gewissermaßen wie eine Hypnose. Die Leistung seiner Schüler hatte ihm gefallen. Wirklich interessant, dachte er, als er zu Bett ging.

/6/

Was am nächsten Tag geschah, empfand Ben als völlig ungewöhnlich. Diesmal kamen seine Schüler nicht nach dem Läuten allmählich in die Klasse geschlendert, sondern er selbst kam zu spät. Er hatte seine Notizen für den Unterricht und ein Buch über Japan im Wagen vergessen und mußte vor Stundenbeginn noch einmal zum Parkplatz laufen. Als er dann in die Klasse stürzte, erwartete er, eine Art Irrenhaus vorzufinden, doch er erlebte eine Überraschung.

Im Klassenzimmer standen fünf säuberliche Tischreihen von je sieben Tischen, und an jedem Platz saß ein Schüler in der steifen Haltung, die Ben gestern »vorgeschrieben« hatte. Es herrschte Stille, und Ben ließ den Blick ein wenig ratlos durch die Klasse wandern. Sollte das ein Spaß sein? Hier und da sah er ein Gesicht, in dem sich das Lächeln nur mühsam versteckte, doch die meisten Gesichter verrieten Aufmerksamkeit, die Blicke waren starr geradeaus gerichtet, alle schienen sich zu konzentrieren. Einige Schüler sahen ihn unsicher an, als warteten sie ab, ob er das Experiment weiterführen würde oder nicht. Sollte er? Es war eine so neue Erfahrung, und sie wich so sehr von der Norm ab, daß er sich unsicher fühlte. Was konnten die Schüler aus diesem Versuch lernen? Was konnte er selber lernen? Ben spürte die Ver-

suchung des Unbekannten und beschloß, daß es der Mühe wert sei, seinen Versuch fortzusetzen.
»Also«, sagte er und legte seine Notizen beiseite, »was geht hier vor?«
Die Schüler blickten ihn unsicher an.
Ben schaute zur entfernten Seite des Raumes. »Robert?«
Robert Billings sprang auf. Sein Hemd steckte säuberlich im Gürtel, sein Haar war gekämmt. »Mister Ross, Disziplin!«
»Ja, Disziplin«, stimmte Mr. Ross zu. »Aber das ist nur ein Teil von allem. Es gehört noch mehr dazu.« Er wandte sich zur Wandtafel, und unter die gestrigen Worte MACHT DURCH DISZIPLIN schrieb er:

GEMEINSCHAFT

Dann wandte er sich wieder der Klasse zu. »Gemeinschaft ist das Band zwischen Menschen, die für ein gemeinsames Ziel arbeiten und kämpfen. Das ist schon so, wenn man gemeinsam mit seinen Nachbarn eine Scheune baut.«
Ein paar Schüler lachten. Aber David war klar, was der Lehrer meinte. Genau darüber hatte er gestern nach dem Unterricht nachgedacht. Es war so etwas wie der Mannschaftsgeist, den das Footballteam brauchte.
»Es ist das Gefühl, Teil eines Ganzen zu sein, das wichtiger ist als man selbst«, erklärte Mr. Ross. »Man gehört zu einer Bewegung, einer Gruppe, einer Überzeugung. Man ist einer Sache ganz ergeben . . .«
»So eine Gemeinschaft ist gar nicht schlecht«, murmelte einer, doch seine Nachbarn brachten ihn schnell zum Schweigen.
»Es ist genau wie mit der Disziplin: Um die Gemeinschaft ganz zu begreifen, muß man sie erfahren und daran teilhaben. Von diesem Augenblick an lauten unsere beiden Grundsätze:

MACHT DURCH DISZIPLIN
und
MACHT DURCH GEMEINSCHAFT

Und jetzt wiederholen alle diese beiden Grundsätze!«
Alle Schüler im Raum stellten sich neben ihre Plätze und sagten: »Macht durch Disziplin! Macht durch Gemeinschaft!«
Einige wenige Schüler, darunter Laurie und Brad, beteiligten sich nicht daran, sondern saßen verlegen auf ihren Stühlen, während Mr. Ross die Grundsätze nochmals wiederholen ließ. Endlich stand Laurie auf, dann auch Brad. Jetzt stand die gesamte Klasse.
»Und nun brauchen wir ein Symbol für unsere neue Gemeinschaft«, erklärte Ben Ross. Er wandte sich wieder der Tafel zu, und nach kurzem Nachdenken zeichnete er einen Kreis mit einer Wellenlinie darin. »Das soll unser Symbol sein. Eine Welle bedeutet Veränderung. In ihr vereinen sich Bewegung, Richtung und Wucht. Von jetzt an trägt unsere Gemeinschaft, unsere Bewegung den Namen ›Die Welle‹.« Er schwieg einen Augenblick und betrachtete die Schüler, die unbewegt dastanden und alles hinnahmen, was er ihnen sagte. »Und das wird unser Gruß sein«, fuhr er dann fort, wölbte die rechte Hand wie eine Welle, führte sie an die linke Schulter, nach oben geöffnet. »Alle grüßen!« befahl er.
Alle führten den Gruß aus, wie er es gezeigt hatte, nur daß manche die rechte anstatt der linken Schulter berührten. »Noch einmal!« befahl Ross, während er den Gruß selbst wiederholte und immer noch einmal ausführte, bis es alle richtig machten.
»Gut«, sagte er dann. Wieder verspürte die Klasse jenes Kraftgefühl und jene Einheit wie am Tag zuvor. »Dies ist unser Gruß und ausschließlich unser Gruß«, erklärte Ben. »Jedesmal, wenn ihr ein Mitglied unserer Bewe-

gung seht, werdet ihr es auf diese Weise grüßen. Robert, führe den Gruß aus und wiederhole unsere Grundsätze!«
Robert sprang auf, grüßte und antwortete: »Mister Ross, Macht durch Disziplin! Macht durch Gemeinschaft!«
»Sehr gut«, lobte Ben. »Peter, Amy und Eric! Grüßt und wiederholt unsere Grundsätze gemeinsam mit Robert!«
Die vier Schüler grüßten gehorsam und sagten im Chor: »Macht durch Disziplin! Macht durch Gemeinschaft!«
»Brian, Andrea und Laurie«, befahl Mr. Ross, »wiederholt gemeinsam mit den anderen!«
Jetzt waren es schon sieben Schüler, dann vierzehn, dann zwanzig, bis die ganze Klasse grüßte und einstimmig ausrief: »Macht durch Disziplin! Macht durch Gemeinschaft!« Wie ein Regiment Soldaten, dachte Ben. Genau wie ein Regiment!

Nach dem Unterricht saßen David und Eric nachmittags in der Turnhalle auf dem Boden. Sie waren ein wenig zu früh zum Training gekommen und führten eine hitzige Debatte.
»Ich finde das dumm!« behauptete Eric, während er seine Schuhe zuschnürte. »Es ist einfach ein Spiel im Geschichtsunterricht, weiter nichts!«
»Das bedeutet aber nicht, daß es nicht wirklich funktionieren kann«, beharrte David. »Was meinst du denn, warum wir es gelernt haben? Um es als Geheimnis zu bewahren? Ich sage dir, Eric, diese Methode ist ganz genau das, was unser Team braucht!«
»Davon mußt du aber erst Trainer Schiller überzeugen«, antwortete Eric. »Ich werde es ihm nicht erzählen.«
»Wovor hast du denn Angst?« fragte David. »Meinst du, daß Mr. Ross mich bestrafen wird, wenn ich ein paar Leuten von der *Welle* erzähle?«

Eric zuckte die Achseln. »Das nicht, Mann! Aber auslachen werden sie dich!«
Brian kam aus dem Umkleideraum und setzte sich zu ihnen auf den Boden.
»He«, sagte David, »was hältst du davon, wenn wir den Rest der Mannschaft zu Mitgliedern der *Welle* machen?«
Brian beschäftigte sich mit seinen Schulterschützern. »Meinst du, die *Welle* könnte einen Zwei-Zentner-Mann von der Clarkstown-Mannschaft stoppen?« fragte er. »Das ist nämlich das einzige, worüber ich nachdenke. Ich frage mich immer wieder, wie wir es hinkriegen können, und dann sehe ich vor mir diesen mächtigen Brocken in der Spielkleidung von Clarkstown. Und dieses Gebirge erdrückt mich einfach. Ich kann nicht rechts daran vorbei und nichts links. Ich kann auch nicht darüber hinwegwerfen . . .« Brian wälzte sich auf den Rücken und tat so, als kniete jemand auf ihm. »Dieses Gebirge kommt einfach auf mich zugerollt, immer näher und näher . . .«
Eric und David lachten, und Brian richtete sich auf. »Ich will gern alles tun«, versicherte er, »jeden Morgen meine Corn-Flakes essen, in die *Welle* eintreten, meine Hausaufgaben machen – alles, was ihr wollt, wenn ich dadurch nur diesen Riesen aufhalten kann!«
Inzwischen hatten sich weitere Spieler um sie versammelt, darunter ein jüngerer Schüler namens Deutsch, der in der Mannschaft Brians zweite Besetzung war. Jeder wußte, daß er förmlich darauf brannte, Brians Platz einzunehmen, und daraus ergab sich, daß die beiden sich nicht besonders gut vertrugen.
»Ich habe gehört, du hast Angst vor der Mannschaft aus Clarkstown?« fragte er Brian. »Du brauchst es nur zu sagen, dann übernehme ich deinen Platz.«
»Wenn du mitspielst, haben wir überhaupt keine Chance mehr«, antwortete Brian.

Deutsch spottete: »Du bist doch bloß erste Wahl, weil du älter bist als ich.«
Brian saß noch immer auf dem Boden und schaute zu dem Jüngeren auf. »Mann, du bist doch das dickste Bündel an Talentlosigkeit, das ich je gesehen habe!« sagte er.
»Na, du mußt es ja wissen!« fauchte Deutsch zurück.
David sah dann nur noch, daß Brian plötzlich aufsprang und die Fäuste ballte. Er drängte sich zwischen die beiden. »Genau darüber habe ich eben gesprochen!« sagte er, während er die Streithähne trennte. »Wir sollten eine Mannschaft sein. Wir sollten einander unterstützen. Und wenn wir so mies sind, dann liegt das bloß daran, daß wir dauernd miteinander streiten.«
Jetzt waren noch mehr Spieler in der Halle. »Wovon redet der eigentlich?« fragte einer von ihnen.
David wandte sich ihm zu. »Von Einigkeit rede ich. Über Disziplin. Wir müssen endlich anfangen, uns wie eine Mannschaft zu benehmen, die ein gemeinsames Ziel hat. Keiner hat die Aufgabe, einem anderen den Platz in der Mannschaft abzujagen, sondern jeder soll dazu beitragen, daß die Mannschaft gewinnt!«
»Ich könnte schon meinen Teil dazu beitragen, daß die Mannschaft gewinnt«, behauptete Deutsch. »Dazu braucht Trainer Schiller mich nur aufzustellen.«
»Nein!« fuhr David ihn an. »Eine Bande von eitlen Einzelspielern ist noch lange keine Mannschaft. Weißt du, warum wir in diesem Jahr so schlecht abgeschnitten haben? Weil wir fünfundzwanzig Ein-Mann-Teams sind, die zufällig alle die gleiche Spielkleidung anhaben. Du möchtest gern der erste Mann in der Mannschaft sein, nicht wahr? Wärst du auch gern der zweite in einer Mannschaft, die gewinnt?«
Deutsch zuckte die Achseln.

»Vom Verlieren habe ich jedenfalls die Nase voll«, sagte ein anderer.
»Stimmt«, bestätigte sein Nachbar. »Das ist doch zum Verzweifeln! Nicht einmal unsere eigene Schule nimmt uns noch ernst.«
»Also, ich gebe meinen Platz in der Mannschaft gern auf und spiele dafür den Wasserträger, wenn wir dadurch gewinnen können«, versicherte einer.
»Wir könnten ja gewinnen«, behauptete David. »Ich will nicht gerade sagen, daß wir am Samstag die Leute aus Clarkstown vom Platz fegen können, aber wenn wir endlich anfangen, eine Mannschaft zu sein, dann könnten wir in diesem Jahr auch ein paar Spiele gewinnen.«
Inzwischen war das Team fast vollzählig, und David merkte deutlich, daß ihm alle interessiert zuhörten.
»Okay«, sagte einer. »Was tun wir also?«
Einen Augenblick zögerte David noch. Die *Welle* war die Lösung. Aber wer sollte es den anderen sagen? Er selbst wußte doch auch erst seit gestern davon. Plötzlich spürte er, daß jemand ihn anstieß.
»Erzähl's ihnen«, wisperte Eric. »Erzähl ihnen von der *Welle*!«
Verflixt, dachte David. »Also gut«, sagte er. »Ich weiß bloß, das ihr erst einmal die Grundsätze lernen müßt. Und der Gruß, der geht so . . .«

/7/

Am Abend erzählte Laurie Saunders ihren Eltern vom Geschichtsunterricht der letzten beiden Tage. Die Familie Saunders saß am Abendbrottisch. Fast während der ganzen Mahlzeit hatte der Vater in allen Einzelheiten von der 78er-Runde erzählt, die ihm heute auf dem Golfplatz gelungen war. Mr. Saunders war Abteilungsleiter in einer großen Fabrik für Halbleiter. Seine Frau sagte, sie habe gegen die Golfleidenschaft ihres Mannes gar nichts einzuwenden, denn auf dem Golfplatz könne er sich am besten von allen Belastungen und Enttäuschungen seiner Arbeit befreien. Wie er das fertigbringe, könne sie zwar auch nicht erklären, aber solange er in guter Laune nach Hause käme, werde sie nichts gegen das Golfspiel sagen.
Der Meinung war Laurie auch, selbst wenn ihr die endlosen Golfberichte ihres Vaters manchmal sterbenslangweilig vorkamen. Die fröhliche Ausgeglichenheit des Vaters war ihr immer noch lieber als die ewigen Sorgen ihrer Mutter, die dabei wahrscheinlich die klügste und aufmerksamste Frau war, die Laurie kannte. Sie war es, die die Wählergemeinschaft der Frauen in Schwung hielt, und sie war politisch so gut informiert, daß hoffnungsvolle Politiker oft zu ihr kamen und sie um ihren Rat fragten.

Laurie fand ihre Mutter sehr lustig, solange alles gutging. Sie steckte voller Ideen, und man konnte stundenlang mit ihr reden. Aber zu anderen Zeiten, wenn Laurie sich über irgend etwas aufregte, oder wenn sie ein Problem hatte, dann war diese Mutter eine Qual. Man konnte nichts vor ihr verbergen. Und wenn Laurie erst zugegeben hatte, wo ihre Schwierigkeit lag, dann war es mit ihrer Ruhe endgültig vorbei.

Als Laurie am Abend von der *Welle* erzählte, geschah dies hauptsächlich deshalb, weil sie die Golferzählung ihres Vaters auch nicht eine Minute länger ertragen konnte. Sie sah genau, daß ihre Mutter sich ebenfalls langweilte. In der letzten Viertelstunde hatte Mrs. Saunders mit dem Fingernagel einen Wachsfleck aus der Tischdecke gekratzt.

»Es war einfach unglaublich«, erzählte Laurie. »Alle haben gegrüßt und die Grundsätze wiederholt. Man konnte gar nichts dagegen tun. Man wurde einfach mitgerissen, wollte einfach, daß es gut funktionierte. Und man spürte, wie sich allmählich eine gemeinsame Kraft entwickelte.«

Mrs. Saunders kratzte nicht mehr am Tischtuch und sah ihre Tochter an. »Das gefällt mir nicht, Laurie. Es kommt mir so militaristisch vor.«

»Du siehst immer gleich alles von der schlechten Seite«, wandte ihre Tochter ein. »Damit hat es wirklich nichts zu tun. Ehrlich, du müßtest nur einmal dabeisein, dann würdest du merken, was da für ein positives Gefühl entsteht.«

Mr. Saunders stimmte ihr zu. »Um die Wahrheit zu sagen: Ich bin für alles, was die Kinder dazu bringt, heutzutage überhaupt noch auf irgend etwas zu achten.«

»Das tut es wirklich«, versicherte Laurie. »Selbst die Schwachen sind dabei. Du kennst doch Robert Billings, den Versager der Klasse? Selbst er ist jetzt ein Teil der Gruppe. Keiner hat sich seit zwei Tagen mit ihm angelegt. Und das ist doch schon etwas Positives, oder?«

»Aber eigentlich sollt ihr Geschichte lernen und nicht, wie man Teil einer Gruppe wird«, wandte Mrs. Saunders ein.

»Ach, weißt du«, sagte ihr Mann, »unser Land wurde schließlich von Menschen aufgebaut, die Teil einer Gruppe waren, von den Pilgervätern. Ich glaube, es ist gar nicht schlecht, wenn Laurie lernt, wie man gemeinsam arbeitet. Wenn es bei uns in der Fabrik ein bißchen mehr Kooperation gäbe und nicht nur diese ewigen Auseinandersetzungen und die ständige Besserwisserei, dann hätten wir in diesem Jahr keinen Produktionsrückstand.«

»Ich habe nicht behauptet, Zusammenarbeit sei schlecht«, wehrte sich seine Frau. »Aber jeder muß auch die Möglichkeit haben, auf seine eigene Art zu arbeiten. Wenn du schon von der Größe unseres Landes redest, dann sprichst du notwendigerweise auch von Menschen, die sich nicht davor gefürchtet haben, als Individuen zu handeln.«

»Ich glaube wirklich, du siehst das ganz falsch«, sagte Laurie. »Mr. Ross hat einfach eine Möglichkeit gefunden, alle einzubeziehen. Und schließlich machen wir immer noch unsere Hausaufgaben. Wir haben die Geschichte ja nicht einfach vergessen.«

»Das ist alles gut und schön. Es hört sich nur nicht so an, als wäre es gut für dich, Laurie. Schließlich haben wir dich zu einem selbständigen Menschen erzogen.«

Lauries Vater wandte sich an seine Frau. »Meinst du nicht auch, daß du das ein wenig zu ernst nimmst? Ein bißchen Gemeinschaftsgeist kann den Kindern doch bestimmt nicht schaden.«

»Richtig«, pflichtete Laurie ihm bei und lächelte. »Hast du nicht selbst immer behauptet, ich sei viel zu unabhängig?«
Mrs. Saunders blieb ernst. »Du darfst nur nicht vergessen, daß das Beliebte durchaus nicht immer das Richtige sein muß.«
»Aber, Mutter!« sagte Laurie verzweifelt, weil ihre Mutter die Sache so gar nicht von ihrer Seite her betrachten wollte. »Entweder du bist wirklich dickköpfig, oder du verstehst das alles nicht richtig.«
»Ich bin überzeugt, daß Lauries Geschichtslehrer schon wissen wird, was er tut, und ich verstehe nicht, warum man daraus eine große Sache machen sollte«, erklärte der Vater.
»Und glaubst du nicht, daß es gefährlich ist, wenn ein Lehrer seine Schüler derart manipuliert?« fragte seine Frau.
»Er manipuliert uns doch gar nicht«, widersprach Laurie. »Er ist einer meiner besten Lehrer. Er weiß genau, was er tut, und ich finde, was er tut, ist gut für die Klasse. Es wäre schön, wenn es bei den anderen Lehrern nur halb so interessant wäre.«
Die Mutter schien das Streitgespräch fortsetzen zu wollen, doch der Vater wechselte das Thema. »Wo bleibt denn David heute?« fragte er. »Kommt er heute nicht?«
David kam oft abends, meistens unter dem Vorwand, noch mit Laurie lernen zu wollen. Meistens saß er dann aber bald mit Mr. Saunders im Wohnzimmer und fachsimpelte über Sport und Technik. David wollte Ingenieur werden, genau wie Mr. Saunders, folglich hatten sie viel Gesprächsstoff. Mr. Saunders hatte in der Schule auch Football gespielt, und Lauries Mutter hatte einmal gesagt, die beiden seien einfach vom Himmel füreinander bestimmt.

Laurie schüttelte den Kopf. »Er ist zu Hause und bereitet sich für morgen auf die Geschichtsstunde vor.«
Mr. Saunders sah überrascht aus. »David bereitet sich vor? Das ist ja nun wirklich etwas, worüber man sich Sorgen machen könnte!«

Da sowohl Ben als auch Christy Ross vollen Unterricht zu erteilen hatten, ergab es sich, daß sie sich die Hausarbeiten teilten: das Kochen, das Putzen und die Einkäufe. An diesem Nachmittag hatte Christy ihren Wagen in die Werkstatt bringen müssen, folglich hatte Ben versprochen, sich um das Kochen zu kümmern. Nach der Geschichtsstunde war er aber viel zu sehr mit seinen Gedanken beschäftigt, um auch nur an Kochen zu denken. Deshalb kaufte er auf dem Heimweg ein paar chinesische Fertiggerichte ein.
Als Christy am Abend heimkam, fand sie keinen gedeckten Tisch vor. Statt der Teller lagen dort wieder Bücher. Sie betrachtete die braunen Einkaufstüten in der Küche und fragte: »Nennst du das ein Abendessen?«
Ben blickte auf. »Tut mir leid, Christy, aber mich beschäftigt diese Klasse zu sehr. Und ich muß mich so gründlich darauf vorbereiten, daß ich keine Zeit zum Kochen hatte.«
Christy nickte. Immerhin verhielt er sich nicht regelmäßig so, wenn er mit dem Kochen an der Reihe war, also konnte sie ihm diesmal verzeihen. Sie fing an, seine Einkäufe auszupacken. »Wie läuft denn das Experiment, Dr. Frankenstein? Haben sich deine Monster noch nicht gegen dich gewandt?«
»Ganz im Gegenteil«, erwiderte ihr Mann. »Die meisten verwandeln sich allmählich in menschliche Wesen.«
»Was du nicht sagst!«
»Ich weiß zum Beispiel, daß sie alle den aufgegebenen

Text lesen. Manche lesen sogar schon ein Stück voraus«, sagte Ben. »Es sieht ganz so aus, als fänden sie plötzlich Spaß daran, auf den Unterricht vorbereitet zu sein.«
»Oder sie haben plötzlich Angst davor, nicht vorbereitet zu sein«, bemerkte seine Frau.
Ben überhörte ihren Kommentar. »Nein, ich glaube wirklich, sie haben sich gebessert. Auf jeden Fall benehmen sie sich besser.«
Christy schüttelte den Kopf. »Das können nicht dieselben Kinder sein, die ich im Musikunterricht habe.«
»Ich sag's dir doch!« erklärte ihr Mann. »Es ist verblüffend, aber sie mögen dich tatsächlich mehr, wenn du alle Entscheidungen für sie triffst.«
»Ja, sicher. Es bedeutet ja weniger Arbeit für sie selbst. Sie brauchen nicht mehr selber zu denken«, sagte Christy. »Aber jetzt hör bitte auf zu lesen und räume ein paar von den Büchern beiseite, damit wir endlich essen können.«
Während Ben den Küchentisch teilweise abräumte, trug Christy das Essen auf. Als Ben aufstand, glaubte sie, er wolle ihr helfen, doch er ging nur in Gedanken versunken in der Küche auf und ab. Auch Christy dachte über die *Welle* nach. Irgend etwas daran störte sie, etwas am Tonfall, mit dem ihr Mann über seine Klasse sprach – als wären seine Schüler jetzt besser als alle anderen in der Schule. Während sie sich setzte, fragte sie: »Wie weit willst du den Versuch noch treiben, Ben?«
»Ich weiß nicht«, antwortete Ross. »Aber ich glaube, es kann eine ganz faszinierende Angelegenheit werden.«
Christy beobachtete ihren Mann, wie er gedankenverloren in der Küche auf und ab ging. »Warum setzt du dich nicht?« fragte sie. »Dein Essen wird kalt.«
»Weißt du«, sagte ihr Mann, während er an den Tisch kam und sich setzte, »das Merkwürdige daran ist, daß

ich selbst auch völlig gefesselt bin. Die Sache ist anstekkend.«

Christy nickte. Das war offensichtlich. »Vielleicht wirst du zu einem Meerschweinchen in deinem eigenen Experiment«, sagte sie. Und obgleich sie es wie im Scherz sagte, hoffte sie doch, daß er es als Warnung verstünde.

/8/

David und Laurie wohnten nicht sehr weit von der Schule entfernt. Davids Schulweg führte nicht unbedingt an Lauries Haus vorüber, aber seit der zehnten Klasse hatte er immer einen Umweg gemacht. Damals, als Laurie ihm zuerst auffiel, ging er jeden Morgen in der Hoffnung durch ihre Straße, sie würde gerade im richtigen Augenblick auf dem Weg zur Schule aus der Haustür treten. Anfangs »begegnete« er ihr ungefähr jede Woche einmal. Als sie sich schon besser kannten, trafen sie sich häufiger, und vom Frühling an gingen sie fast jeden Morgen gemeinsam. Lange hatte David geglaubt, das sei einfach eine Frage des Glücks und der richtigen Zeitwahl. Es kam ihm überhaupt nicht in den Sinn, daß Laurie von Anfang an hinter der Gardine gewartet und nach ihm Ausschau gehalten hatte. Anfangs war sie nur einmal wöchentlich ganz »zufällig« mit ihm zusammengetroffen, später dann immer häufiger.

Als David am nächsten Morgen Laurie abholte, lief sein Kopf vor Gedanken förmlich über. »Ich sage dir, Laurie«, behauptete er, während sie miteinander zur Schule gingen, »genau das braucht unsere Footballmannschaft!«

»Die Footballmannschaft braucht vor allem Leute, die sauber abspielen können, eine Verteidigung, die nicht

lange herumfummelt, ein paar Angreifer, die sich ohne Angst ins Gedränge stürzen und schließlich . . .«
»Hör auf!« sagte David gereizt. »Ich meine es ernst. Gestern habe ich die Mannschaft dazu überredet. Brian und Eric haben mir geholfen. Und die anderen sind tatsächlich darauf angesprungen. Das heißt natürlich nicht, daß nach einem einzigen Training plötzlich alles anders geworden ist, aber ich hab's schon gespürt. Tatsächlich: Ich konnte den Teamgeist spüren! Sogar Trainer Schiller war beeindruckt. Er hat gesagt, wir wären wie eine ganz neue Mannschaft.«
»Meine Mutter sagt, ihr käme das wie Gehirnwäsche vor.«
»Was?«
»Sie sagt, Mr. Ross manipuliert uns.«
»Verrückt!« behauptete David. »Woher will sie das wissen? Außerdem, was kümmert dich, was deine Mutter meint? Du weißt doch, daß sie sich über alles dauernd Sorgen macht.«
»Ich habe ja nicht gesagt, daß ich ihr recht gebe«, antwortete Laurie.
»Aber du hast auch nicht gesagt, daß du anderer Meinung bist«, bemerkte David.
»Ich habe dir nur erzählt, was sie gesagt hat.«
David wollte das Thema fallenlassen. »Und wie will sie das überhaupt wissen. Zur *Welle* kann sie sich wahrscheinlich erst eine Meinung bilden, wenn sie einmal in der Klasse war und gesehen hat, wie das alles funktioniert. Aber Eltern wissen ja immer alles besser!«
Laurie fühlte plötzlich den Wunsch, ihm zu widersprechen, doch sie hielt sich zurück. Wegen einer solchen Kleinigkeit wollte sie keinen Streit mit David. Sie mochte überhaupt keinen Streit mit ihm. Außerdem war die *Welle* für die Mannschaft vielleicht wirklich gerade

richtig. Irgend etwas brauchte das Team bestimmt. Sie beschloß, das Thema zu wechseln. »Hast du einen Helfer für deine Infinitesimalrechnung gefunden?« fragte sie.

»Die einzigen, die davon eine Ahnung haben, sind in meiner Klasse«, antwortete David.

»Und warum fragst du sie dann nicht? Irgendeiner würde dir doch bestimmt helfen.«

»Ja, sicher«, bestätigte David. »Aber ich will ihre Hilfe nicht.«

Laurie seufzte. Der Wettbewerb zwischen den Schülern war manchmal unheimlich stark. Aber so weit wie David trieben es nur wenige. »Amy hat gestern beim Essen zwar nichts gesagt, aber wenn du sie fragst, hilft sie dir bestimmt.«

»Amy?«

»In Mathe ist sie unglaublich gut«, erklärte Laurie. »Ich wette, sie kann deine Probleme in zehn Minuten lösen.«

»Aber ich habe sie doch beim Essen gefragt«, sagte David.

»Ich glaube, sie war einfach zu schüchtern. Sie mag Brian sehr, und sie mag ihn mit ihrer Tüchtigkeit nicht vergraulen.«

David lachte. »Ich glaube, da braucht sie sich keine Sorgen zu machen. Das könnte sie höchstens, wenn sie zwei Zentner schwer wäre und im Team von Clarkstown spielte.«

Als die Schüler an diesem Morgen die Klasse betraten, sahen sie, daß an der hinteren Wand ein großes Poster mit der symbolischen Darstellung einer blauen Welle angebracht war. Mr. Ross war heute anders als sonst gekleidet. Während seine Kleidung sonst eher lässig wirkte, trug er heute einen blauen Anzug mit weißem

Hemd und Krawatte. Die Schüler eilten an ihre Plätze, während der Lehrer zwischen den Tischen auf und ab ging und kleine gelbe Karten verteilte.
Brad stieß Laurie an. »Gibt's jetzt etwa Fleißkärtchen?«
Laurie betrachtete die Karte, die sie gerade bekommen hatte. »Das ist eine Mitgliedskarte der *Welle*«, wisperte sie zurück.
»Was ist das?« erkundigte sich Brad.
»Genug jetzt!« rief Mr. Ross und klatschte in die Hände. »Keine Unterhaltungen, bitte!«
Brad saß sofort unbeweglich. Laurie verstand seine Überraschung. Mitgliedskarten? Das konnte doch nur ein Scherz sein. Mr. Ross hatte inzwischen die Verteilung beendet und stand vor der Klasse.
»Jeder von euch ist jetzt im Besitz einer Mitgliedskarte«, sagte er. »Wenn ihr sie umdreht, so werdet ihr bemerken, daß manche Karten mit einem roten X gekennzeichnet sind. Wer dieses rote X auf seiner Karte findet, ist ein Helfer und wird mir künftig jedes Mitglied der *Welle* melden, das die Regeln verletzt.«
Alle Schüler schauten nach, ob ihre Karte mit dem roten X gekennzeichnet war. Diejenigen, die das Zeichen fanden, wie zum Beispiel Robert und Brian, lächelten zufrieden. Die anderen, zu denen Laurie gehörte, schienen weniger angenehm berührt zu sein.
Laurie hob die Hand.
»Ja, bitte, Laurie?«
»Welchen Zweck soll das haben?« fragte sie.
In der Klasse war es still. Ben antwortete nicht sofort. Dann fragte er: »Hast du nicht etwas vergessen?«
»Ach ja, richtig!« Laurie stand auf und wiederholte: »Mister Ross, welchen Zweck haben diese Karten?«
Ben hatte erwartet, daß jemand danach fragen würde. Der Grund sollte allen sogleich klarwerden, denn er er-

klärte jetzt: »Die Karten sind nur ein Beispiel dafür, wie eine Gruppe sich selbst verwalten kann.«
Laurie stellte keine weitere Frage. Ben drehte sich zur Wandtafel und schrieb zu den Sätzen MACHT DURCH DISZIPLIN und MACHT DURCH GEMEINSCHAFT das Wort

HANDELN

»Nachdem wir jetzt wissen, was es mit Disziplin und Gemeinschaft auf sich hat«, erklärte er der Klasse,»müssen wir über das Handeln nachdenken. Im Grunde sind Disziplin und Gemeinschaft sinnlos, wenn sie nicht zum Handeln führen. Die Disziplin gibt uns das Recht zum Handeln. Eine disziplinierte Gruppe mit einem gemeinsamen Ziel kann auch gemeinsam handeln, um dieses Ziel zu erreichen. Sie muß es sogar tun, wenn sie das Ziel erreichen will. Glaubt ihr an die *Welle*?«
Das Zögern dauerte nur einen Augenblick, dann sagten alle wie mit einer Stimme: »Mister Ross, jawohl!«
Der Lehrer nickte. »Dann müßt ihr auch handeln! Ihr dürft niemals zögern, etwas für eure Überzeugung zu tun. Die Mitglieder der *Welle* müssen zusammenarbeiten wie die Teile einer gut funktionierenden Maschine. Durch harte Arbeit und festen Zusammenhalt untereinander werdet ihr schneller lernen und mehr leisten. Aber nur wenn ihr einander unterstützt, wenn ihr zusammenarbeitet und unsere Regeln einhaltet, könnt ihr den Erfolg der *Welle* sichern.«
Während er sprach, standen alle Schüler an ihren Plätzen. Laurie war mit den anderen aufgestanden, doch sie verspürte heute nicht diese seltsame Kraft und die Einheit, die sie in den letzten Tagen empfunden hatte. Heute kamen ihr die Geschlossenheit der Klasse und der absolute Gehorsam dem Lehrer gegenüber fast ein wenig unheimlich vor.

»Setzt euch!« befahl Mr. Ross. Der Lehrer fuhr fort: »Als wir vor einigen Tagen die *Welle* begründet haben, spürte ich, daß einige von euch sich große Mühe gegeben haben, die richtigen Antworten zu finden und bessere Mitglieder zu sein als andere. Das muß nun aufhören. Ihr tragt untereinander keinen Wettkampf aus, sondern ihr arbeitet gemeinsam für ein Ziel. Ihr müßt euch als ein Team empfinden, dem ihr alle angehört. Vergeßt nicht: In der *Welle* seid ihr alle gleich. Niemand ist wichtiger oder beliebter als der andere, und niemand ist von dieser Gruppe ausgeschlossen. Gemeinschaft bedeutet Gleichheit innerhalb der Gruppe.
Unsere erste Aufgabe wird es sein, neue Mitglieder für die *Welle* zu gewinnen. Um Mitglied der *Welle* werden zu können, muß der Bewerber nachweisen, daß er unsere Regeln kennt, und er muß geloben, ihnen strikt zu gehorchen.«
David lächelte, als Eric zu ihm herüberschaute und ein Auge zukniff. Genau das hatte er hören wollen. Es war also nicht falsch, andere für die *Welle* zu begeistern. Es war gut für alle, besonders für die Footballmannschaft.
Mr. Ross schloß seine Bemerkungen zur *Welle* ab. Den Rest der Stunde wollte er darauf verwenden, die Aufgaben abzuhören, die er gestern gestellt hatte. Doch ein Schüler namens George Snyder hob die Hand.
»Ja, George?«
George sprang auf. »Mr. Ross, ich fühle zum ersten Mal, daß ich Teil von etwas bin, und ich finde das großartig!«
Andere Schüler schauten ihn verwundert an, und er ließ sich langsam auf seinen Stuhl zurücksinken, doch da sprang Robert plötzlich auf.
»Mister Ross«, sagte er stolz, »ich weiß genau, was George meint. Man fühlt sich wie neugeboren.«

Er hatte sich kaum gesetzt, als Amy aufstand. »Er hat recht, Mr. Ross. Ich empfinde das ebenso.«
David freute sich. Er empfand das, was George getan hatte, als bloße Angabe, aber dann hatten Robert und Amy es ihm nachgetan, damit George sich nicht beschämt und alleingelassen fühlen sollte. Das war das Gute an der *Welle.* Sie unterstützten einander. Jetzt stand David auf und sagte: »Mr. Ross, ich bin stolz auf die *Welle*!«
Dieser plötzliche Ausbruch von Bekenntnissen überraschte Ben Ross. Er wollte mit dem Unterricht vorankommen, doch es war ihm auch klar, daß er sich jetzt noch eine Zeitlang mit den Gefühlen der Klasse beschäftigen mußte. Er spürte, wie sehr sie alle Führung von ihm erwarteten, und es war ihm klar, daß er ihnen diese Führung nicht verweigern durfte.
»Unser Gruß!« befahl er, und sofort sprangen alle auf und grüßten, wie es den Regeln der *Welle* entsprach. Dann sprachen sie gemeinsam ihre Grundsätze: »Macht durch Disziplin! Macht durch Gemeinschaft! Macht durch Handeln!«
Der Lehrer griff zu seinen Arbeitsnotizen, als die Schüler ohne Aufforderung den Gruß und die Grundsätze wiederholten. Dann wurde es still. Mr. Ross betrachtete erstaunt seine Schüler. Die *Welle* war nicht mehr eine bloße Idee, sie war kein Spiel mehr. Sie war für seine Schüler zu einer lebendigen Bewegung geworden. Sie waren jetzt in der Tat die *Welle,* und es war Ben klar, daß sie jetzt in der Lage waren, auch ohne sein Zutun gemeinsam zu handeln, wenn sie es wollten. Dieser Gedanke hätte beängstigend sein können, doch Ben war sicher, daß ihm diese neue Bewegung nicht außer Kontrolle geraten würde und er der anerkannte Anführer war. Das Experiment wurde immer interessanter.

Mittags saßen alle Mitglieder der *Welle*, die in der Cafeteria aßen, an einem langen Tisch beisammen. Brian, Brad, Amy, Laurie und David waren dabei. Anfangs schien Robert Billings zu zögern, ob er sich ihnen anschließen sollte, doch sobald David ihn sah, forderte er Robert auf, sich zu ihnen zu setzen, denn schließlich gehörten sie doch jetzt alle zur *Welle*.

Die meisten waren begeistert von dem, was in Ben Ross' Klasse vorging, und Laurie sah keinen zwingenden Grund, ihnen zu widersprechen. Aber dieses gemeinsame Grüßen und Aufsagen der Grundsätze war ihr noch immer unbehaglich. Endlich fragte sie in einer Gesprächspause: »Hat eigentlich keiner von euch bei alledem ein ungutes Gefühl?«

David wandte sich ihr zu. »Wie meinst du das?«

»Ich weiß nicht«, antwortete sie. »Aber ist das nicht irgendwie verrückt?«

»Es ist einfach anders als bisher«, meinte Amy. »Darum kommt es einem so merkwürdig vor.«

»Ja«, bestätigte Brad. »Plötzlich gibt es keine Außenseiter mehr. Was mir an der Schule am meisten auf die Nerven geht, das sind diese vielen kleinen Cliquen. Ich habe die Nase voll davon, jeden Tag als einen kleinen Beliebtheitswettbewerb zu erleben. Das ist ja eben das Tolle an der *Welle*! Man muß sich keine Gedanken mehr machen, ob man beliebt ist oder nicht. Wir sind alle gleich, wir sind alle Teile einer einzigen Gemeinschaft!«

»Und du meinst, das könnte jedem gefallen?« fragte Laurie.

»Kennst du einen, dem es nicht gefällt?« fragte David zurück.

Laurie fühlte, daß sie rot wurde. »Ich bin nicht ganz sicher, ob es mir recht ist oder nicht.«

Plötzlich zog Brian etwas aus seiner Tasche und hielt es

Laurie entgegen. »He, vergiß das nicht!« sagte er. Er hielt seine Mitgliedskarte mit dem roten X auf der Rückseite in der Hand.
»Was soll ich nicht vergessen?«
»Du weißt doch«, erklärte Brian, »daß wir jeden Mr. Ross melden müssen, der sich nicht an die Regeln hält.«
Laurie war betroffen. Das konnte Brian doch nicht etwa ernst meinen? Aber jetzt grinste Brian, und sie atmete erleichtert auf.
»Außerdem hat Laurie auch kein Gesetz übertreten«, sagte David.
»Wenn sie wirklich gegen die *Welle* wäre, dann doch!« behauptete Robert.
Die anderen am Tisch schwiegen vor Verwunderung, weil Robert einmal etwas gesagt hatte. Manche von ihnen kannten kaum seine Stimme, weil er so selten sprach.
»Ich meine das so«, erklärte Robert verlegen: »Die Grundidee der *Welle* ist doch, daß alle ihre Mitglieder sie auch unterstützen müssen. Wenn wir eine Gemeinschaft sein wollen, dann müssen wir auch alle in den Grundsätzen übereinstimmen.«
Laurie wollte etwas erwidern, doch sie hielt sich zurück. Die *Welle* hatte Robert den Mut gegeben, sich an ihren Tisch zu setzen und sogar am Gespräch teilzunehmen. Wenn sie jetzt etwas gegen die *Welle* sagte, dann würde sie damit nur ausdrücken, daß Robert wieder für sich sitzen und nicht zu ihrer »Gemeinschaft« gehören sollte.
Brad klopfte Robert auf die Schulter. »Du, ich freue mich, daß du auch zu uns gehörst!« versicherte er.
Robert wurde rot und wandte sich dann an David. »Hat er mir jetzt irgend etwas auf die Schulter geklebt?« fragte er, und alle am Tisch lachten.

/9/

Ben Ross war nicht ganz sicher, was aus der *Welle* werden sollte. Was als bloßes Experiment im Geschichtsunterricht begonnen hatte, war zu einer Bewegung geworden, die sich jetzt auch außerhalb der Klasse fortentwikkelte. Daraus ergaben sich manche unerwarteten Ereignisse.

Zunächst einmal nahm die Zahl der Teilnehmer an seinem Geschichtskurs zu, weil Schüler, die gerade Freistunden hatten, an der *Welle* teilhaben wollten. Die Werbung neuer Mitglieder war offenbar viel erfolgreicher verlaufen als er sich hätte träumen lassen. Manchmal ließ der Andrang ihn sogar befürchten, daß Schüler andere Stunden schwänzten, um zu seinem Geschichtsunterricht zu kommen.

Seltsamerweise blieben die Schüler im Stoff nicht etwa zurück, weil Zeit für Zeremonien und das Aufsagen der Grundsätze verwendet wurde; vielmehr schienen alle den Stoff eher schneller zu bewältigen als zuvor. Die neue Arbeitsweise – das schnelle Fragen und Antworten –, die die *Welle* eingeführt hatte, trug dazu bei, daß man schon bald bis zum Eintritt Japans in den Zweiten Weltkrieg vorankam.

Ben bemerkte, daß die häusliche Vorbereitung und die Beteiligung am Unterricht sich wesentlich verbessert

hatten, doch es fiel ihm auch auf, daß die Schüler weniger nachdenklich an den Stoff herangingen. Sie sprudelten die erwarteten Antworten nur so hervor, doch sie analysierten und fragten nicht mehr. Einen Vorwurf konnte er ihnen daraus nicht machen, denn schließlich hatte er selbst die Arbeitsmethode der *Welle* eingeführt. Dieses veränderte Unterrichtsverhalten war einfach eine Nebenwirkung des ganzen Experiments.
Anscheinend, so meinte Ben, begriffen die Schüler, daß eine Vernachlässigung der Hausarbeit schädlich für die *Welle* sein mußte. Wollten sie sich genügend mit ihrer gemeinsamen Bewegung beschäftigen, so mußten sie so gut vorbereitet sein, daß sie den vom Lehrplan vorgeschriebenen Stoff in der halben Zeit bewältigen konnten. Damit konnte man als Lehrer doch sicher zufrieden sein? Er war sich nicht ganz sicher. Die Hausarbeiten der Klasse waren besser geworden, doch man schrieb nicht mehr ausführlich, sondern gab nur noch sehr knappe Antworten. In einem Test, bei dem es nur darauf ankam, richtige Antworten anzukreuzen, würden die Schüler jetzt sicher sehr gut abschneiden, aber Ben hatte dann seine Zweifel, wenn es darum ging, in einem Aufsatz das Für und Wider einer Sache abzuwägen.
Zu den interessanten Auswirkungen des Experiments rechnete Ben auch, daß David Collins und seine Freunde Eric und Brian die Regeln der *Welle* erfolgreich auf die Footballmannschaft übertragen hatten. Im Laufe der letzten Jahre war der Biologielehrer Norm Schiller, der auch das Footballtraining leitete, der vielen Witze über seine Mannschaft so müde geworden, daß er während der Saison monatelang kaum noch mit einem anderen Lehrer sprach. Aber eines Morgens hatte er sich tatsächlich bei Ben Ross dafür bedankt, daß er seinen Schülern die Prinzipien der *Welle* vermittelt habe!

Ben hatte intensiv nachgedacht, was seine Schüler an der *Welle* so sehr faszinierte. Wenn er fragte, bekam er meist zur Antwort, die *Welle* sei einfach etwas Neues und Anderes und schon deswegen verlockend. Andere behaupteten, ihnen gefiele das Demokratische an dieser »Idee«: die Tatsache, daß sie jetzt alle gleich seien. Über diese Antwort freute sich Ross. Es war gut, daß es gelungen war, den ständigen Popularitätswettbewerb und die Cliquenwirtschaft zu überwinden, auf die seine Schüler viel zuviel Zeit und Energie verschwendet hatten. Einige Schüler meinten sogar, eine straffere Disziplin sei gut für sie. Das hatte Ben überrascht. In den letzten Jahren war Disziplin zu einem immer schwierigeren Problem geworden. Übten die Schüler sie nicht von selbst, neigten die Lehrer immer weniger dazu, sich dafür verantwortlich zu fühlen. Vielleicht war das ein Fehler. Möglicherweise konnte bei seinem Versuch eine Stärkung der Schuldisziplin herauskommen. Insgeheim träumte er sogar von Zeitungsartikeln mit der Überschrift: *Disziplin hält wieder Einzug in die Klassen! Lehrer macht eine verblüffende Entdeckung!*

Laurie Saunders saß an einem Schreibtisch im Redaktionsbüro der Schülerzeitung und kaute an ihrem Kugelschreiber. Mehrere Redaktionsmitglieder saßen rundum, kauten an ihren Fingernägeln oder auf ihrem Kaugummi. Alex Cooper wippte mit Armen und Beinen zum Takt der Musik aus seinen Kopfhörern. Eine Reporterin trug Rollschuhe. Es spielte sich das ab, was man die wöchentliche Redaktionssitzung nannte.

»Also gut«, sagte Laurie. »Wir haben dasselbe Problem wie immer. Die Zeitung soll nächste Woche erscheinen, aber wir haben nicht genug Beiträge.« Laurie schaute auf das Mädchen mit den Rollschuhen. »Jeanie, du solltest etwas über neue Schülermoden schreiben! Hast du?«

»Ach, in diesem Jahr trägt doch niemand irgend etwas Interessantes«, antwortete Jeanie. »Es ist immer dasselbe: Laufschuhe, Jeans, T-Shirts.«
»Gut, dann schreib doch darüber, daß es in diesem Jahr keine neue Mode gibt«, entschied Laurie und wandte sich dann an den Musikhörer. »Und du, Alex?«
Alex konnte nicht hören.
»Alex!« wiederholte Laurie lauter.
Endlich stieß ihn ein Nachbar an, und er blickte erschrocken auf und zog die Stöpsel aus den Ohren. »Ja, bitte?«
Laurie verdrehte die Augen. »Alex, das hier ist so etwas wie eine Redaktionssitzung!«
»Ach, wirklich?«
»Also, gut! Wo ist dein Schallplattenreport?«
»Ach so, ja, die Schallplatten, hm«, antwortete Alex. »Weißt du, das ist eine komplizierte Geschichte. Also, ich wollte gerade damit anfangen, aber du erinnerst dich doch, daß ich dir gesagt habe, ich müßte dringend nach Argentinien.«
Laurie verdrehte wieder die Augen.
»Also, die Reise ist ausgefallen«, fuhr Alex grinsend fort. »Dafür mußte ich nach Hongkong.«
Laurie wandte sich an seinen Nachbarn. »Und du bist wahrscheinlich mitgefahren«, sagte sie spöttisch.
Carl schüttelte den Kopf. »Nein, nein«, antwortete er ernsthaft. »Ich bin wie vorgesehen nach Argentinien gereist.«
»Ja, ich verstehe.« Sie umfaßte mit einem Blick den Rest des Redaktionsteams. »Und ich vermute, ihr anderen mußtet euch auch alle irgendwo auf dem Globus herumtreiben, und keiner hat etwas geschrieben.«
»Ich bin ins Kino gegangen«, antwortete Jeanie.
»Und? Hast du darüber geschrieben?«

»Nein. Es war zu gut«, antwortete Jeanie.
»Zu gut?«
»Es macht keinen Spaß, über gute Filme zu schreiben«, behauptete Jeanie.
»Ja«, pflichtete Alex, der weltreisende Plattenreporter, ihr bei. »Es macht keinen Spaß, über einen guten Film zu schreiben, weil man nichts Schlechtes darüber sagen kann. Eine Kritik ist überhaupt nur gut, wenn sie schlecht ist. Dann kann man alles in Stücke reißen.« Alex rieb sich die Hände und spielte händereibend und kichernd wieder einmal seine berühmte Rolle eines irrsinnigen Wissenschaftlers. Das konnte niemand so gut wie er. Außerdem hatte er auch eine Pantomime eines Windsurfers im Wirbelsturm in seinem Repertoire.
»Wir brauchen aber Artikel für unsere Zeitung!« sagte Laurie entschieden. »Hat denn gar keiner eine Idee?«
»Es gibt einen neuen Schulbus«, sagte jemand.
»Wie spannend!«
»Ich habe gehört, daß Mr. Gabondi nächstes Jahr ein Freisemester nehmen wird.«
»Vielleicht kommt er nicht wieder.«
»Irgendein Bursche in der zehnten hat gestern mit der Faust eine Fensterscheibe eingeschlagen.«
»Wie kam das?«
»Er wollte beweisen, daß man ein Loch in ein Fenster schlagen könne, ohne sich dabei zu verletzen.«
»Hat er's geschafft?«
»Nein, es hat ihn zwölf Schnittwunden gekostet.«
»He, wartet mal«, sagte Carl. »Wie wäre es denn mit der *Welle*? Darüber will doch jetzt jeder etwas wissen.«
»Bist du nicht im Geschichtskurs von Ross, Laurie?« fragte einer.
»Das ist augenblicklich die größte ›Geschichte‹ an der Schule.«

Laurie nickte. Ihr war klar, daß die *Welle* einen Bericht wert war, vielleicht sogar einen sehr umfangreichen. Vor einigen Tagen schon war ihr klargeworden, daß so etwas wie die *Welle* wahrscheinlich genau das war, was dieser wirre Redaktionshaufen der Schülerzeitung selbst dringend brauchte. Aber sie hatte den Gedanken verdrängt. Sie konnte sich den Grund dafür nicht einmal erklären. Da war nur dieses ein wenig unheimliche Gefühl, das allmählich in ihr wuchs, das Gefühl, daß man mit dieser *Welle* vielleicht sehr, sehr vorsichtig umgehen müsse. Bisher hatte sie nur erlebt, daß in Mr. Ross' Geschichtskurs etwas Gutes dabei herausgekommen war. Und dem Footballteam hatte sie anscheinend auch geholfen. Trotzdem hatte Laurie ihre Bedenken.

»Nun, was ist damit, Laurie?« fragte jemand.

»Mit der *Welle*?«

»Wieso hast du das Thema eigentlich noch keinem von uns gegeben?« fragte Alex. »Willst du dir die Rosinen etwa selbst herauspicken?«

»Ich weiß nicht, ob sich schon jemand gut genug darin auskennt, um etwas darüber zu schreiben«, antwortete Laurie.

»Wie meinst du das? Du bist doch in der *Welle,* oder?« fragte Alex.

»Ja, das bin ich«, bestätigte sie. »Aber trotzdem . . .«

»Immerhin müßten wir wenigstens berichten, daß die *Welle* überhaupt existiert«, meinte Carl. »Ich glaube, daß sich eine ganze Menge Leute fragen, was es damit auf sich hat.«

Laurie nickte. »Ja, ihr habt recht. Ich werde versuchen, es zu erklären. Aber inzwischen möchte ich, daß ihr alle auch etwas tut. Wir haben noch ein paar Tage bis zum Erscheinungstermin. Versucht doch einmal, alles herauszufinden, was die Schüler so über die *Welle* denken.«

Seitdem sie mit ihren Eltern am Abendbrottisch zum erstenmal über die *Welle* gesprochen hatte, war sie diesem Thema zu Hause bewußt ausgewichen. Es kam ihr unnütz vor, noch mehr Auseinandersetzungen, besonders mit ihrer Mutter, heraufzubeschwören, die ja schließlich in allem, was Laurie betraf, einen Anlaß zur Sorge sah: Ob sie nun abends zu spät mit David ausging, ob sie an Kugelschreibern kaute, oder ob sie Mitglied der *Welle* war. Laurie hoffte, daß ihre Mutter nicht mehr daran dachte.
An diesem Abend, als sie in ihrem Zimmer bei den Schulaufgaben saß, klopfte ihre Mutter an die Tür. »Darf ich hereinkommen?«
»Ja, sicher!«
Die Tür öffnete sich, und Mrs. Saunders trat ein. Sie trug einen kanariengelben Bademantel und Sandalen. Die Haut um ihre Augen glänzte fettig, und Laurie wußte, daß die Mutter eine Creme gegen ihre Fältchen aufgetragen hatte.
»Wie geht's den Krähenfüßen?« fragte sie gutmütig spöttisch.
Mrs. Saunders lächelte. »Eines Tages«, sagte sie und drohte mit dem Finger, »wirst du das gar nicht mehr so komisch finden.«
Sie kam zum Tisch und schaute über Lauries Schulter auf das Buch, in dem ihre Tochter gelesen hatte. »Shakespeare?«
»Was hast du erwartet?« fragte Laurie.
»Meinetwegen alles, nur nichts von dieser *Welle*!« sagte Mrs. Saunders und setzte sich auf das Bett ihrer Tochter.
Laurie wandte sich um und sah die Mutter an. »Wie meinst du das?«
»Ich meine nur, daß ich Elaine Billings im Supermarkt getroffen habe, und sie hat mir erzählt, ihr Robert sei ein völlig neuer Mensch geworden.«

»Und? Macht sie sich deswegen Sorgen?« fragte Laurie.
»Sie nicht, aber ich«, antwortete ihre Mutter.
»Du weißt doch, sie haben jahrelang Probleme mit ihm gehabt. Elaine hat oft mit mir darüber gesprochen. Sie war sehr besorgt.«
Laurie nickte.
»Und jetzt ist sie ganz begeistert von dieser plötzlichen Veränderung«, erklärte Mrs. Saunders. »Aber irgendwie traue ich der Sache nicht. Eine so dramatische Persönlichkeitsveränderung! Das klingt fast so, als hätte er sich irgendeiner religiösen Sekte angeschlossen.«
»Was willst du damit sagen?«
»Laurie, wenn du einmal untersuchst, was für Menschen sich solchen Gemeinschaften anschließen, dann wirst du feststellen, daß es fast immer Menschen sind, die mit sich selbst und ihrem Leben unzufrieden sind. Sie sehen diesen Kult als eine Möglichkeit der Veränderung, eines neuen Anfangs, einer Art Wiedergeburt. Und wie kannst du die Veränderung bei Robert sonst erklären?«
»Aber was ist denn schlecht daran?«
»Das Problem ist einfach, daß dieser Kult nichts mit der Realität zu tun hat, Laurie. Robert ist nur sicher, solange er sich innerhalb der Grenzen der *Welle* bewegt. Aber was meinst du wohl, was aus ihm wird, wenn er die *Welle* verläßt? Die Außenwelt weiß nichts von der *Welle*, oder sie kümmert sich nicht darum. Wenn Robert vor der *Welle* in der Schule nichts leisten konnte, dann wird er es außerhalb der Schule auch nicht können, wo es die *Welle* nicht gibt.«
Laurie verstand. »Meinetwegen. Aber um mich brauchst du dir deswegen keine Gedanken zu machen. Meine Begeisterung hat sich schon etwas abgekühlt.«
Mrs. Saunders nickte. »Ich war ganz sicher, daß du nach

reiflicher Überlegung zu diesem Ergebnis kommen würdest.«
»Und wo liegt also das Problem?« fragte Laurie.
»Es liegt bei allen anderen in der Schule, die diese *Welle* noch immer ernst nehmen«, erklärte ihre Mutter.
»Ach, du bist die einzige, die es zu ernst nimmt. Ich jedenfalls denke, es ist einfach eine Mode. So etwas wie Punk oder dergleichen. In zwei Monaten erinnert sich keiner mehr, was es mit der *Welle* eigentlich auf sich hatte.«
»Mrs. Billings hat mir erzählt, daß es am Freitag nachmittag eine Versammlung der *Welle* gibt«, sagte Mrs. Saunders.
»Ja, eigentlich ist das eine Versammlung des Fanclubs für das Footballteam«, erklärte Laurie. »Anders ist nur, daß sie es diesmal eben als eine Versammlung der *Welle* bezeichnen.«
»Und dabei werden sie zweihundert neue Mitglieder indoktrinieren?« fragte Mrs. Saunders skeptisch.
Laurie seufzte. »Hör zu! Du machst dich wirklich verrückt wegen dieser ganzen Geschichte. Niemand indoktriniert hier irgendwen. Sie werden bei dieser Versammlung neue Mitglieder in die *Welle* aufnehmen. Aber die wären sowieso gekommen. Wirklich. Die *Welle* ist nur ein Spiel, weiter nichts. So, wie kleine Jungen Soldaten spielen. Du müßtest einmal Mr. Ross kennenlernen, dann wüßtest du sofort, daß Sorgen überflüssig sind. Er ist so ein guter Lehrer! Er will bestimmt nichts mit Dingen wie Kultgemeinden und Indoktrination zu tun haben.«
»Und dich verwirrt das alles ganz und gar nicht?« fragte Mrs. Saunders.
»Mich verwirrt daran nur eines, nämlich, daß es so viele in meiner Klasse gibt, die sich von einer so kindischen

Geschichte so einfangen lassen. Ich meine, ich kann schon verstehen, warum David dabei ist. Er ist überzeugt, daß sich seine Footballmannschaft dadurch verbessern läßt. Aber bei Amy verstehe ich es nicht. Ich meine, du kennst sie doch auch. Sie ist so klug, und trotzdem nimmt sie das alles sehr ernst.«

»Du machst dir also doch Sorgen«, bemerkte ihre Mutter, doch Laurie schüttelte den Kopf. »Das ist das einzige, was mich daran wundert, und das ist doch wirklich nicht viel. Die ganze *Welle* ist ein Maulwurfshügel, und du machst ein Gebirge daraus. Wirklich, glaub mir!«

Mrs. Saunders stand langsam auf. »Also gut, Laurie. Zumindest weiß ich, daß du dich von dieser *Welle* nicht mitreißen läßt. Ich denke, dafür kann man schon dankbar sein. Aber, bitte, sei vorsichtig!« Sie beugte sich zu ihrer Tochter und streichelte ihr über den Kopf, dann verließ sie das Zimmer.

Laurie saß ein paar Minuten an ihrem Tisch, ohne die Schularbeit wieder aufzunehmen. Sie kaute an ihrem Kugelschreiber und dachte über die Sorgen ihrer Mutter nach. Man konnte das alles wirklich zu sehr aufblähen. Es war doch nichts weiter als ein Spiel! Oder?

/10/

Ben Ross saß beim Kaffee im Lehrerzimmer, als ein Kollege kam und ihm sagte, Direktor Owens wünsche ihn in seinem Büro zu sprechen. Ross fühlte sich ein wenig unsicher. War irgend etwas nicht in Ordnung? Wenn Owens ihn sprechen wollte, dann mußte es mit der *Welle* zu tun haben.

Ross trat auf den Flur und ging auf das Büro des Direktors zu. Unterwegs blieben mehr als ein Dutzend Schüler stehen und grüßten mit dem Gruß der *Welle*. Ross grüßte zurück und ging schnell weiter. Was hatte Owens ihm zu sagen? In gewisser Hinsicht würde es eine Erleichterung bedeuten, dachte Ben, wenn Owens ihm mitteilte, es habe Klagen gegeben, und er solle das Experiment gefälligst abbrechen. Er hatte wahrhaftig nicht erwartet, daß die *Welle* sich so sehr ausbreiten würde. Die Nachricht, daß jetzt auch Schüler anderer Klassen und sogar anderer Klassenstufen daran beteiligt waren, hatte ihn verwundert. So hatte er sich das alles nicht vorgestellt.

Und doch mußte er dabei auch an die positive Seite des Experiments denken, an Außenseiter wie diesen Robert Billings: Zum erstenmal in seinem Leben war Robert ein Gleicher unter Gleichen, ein Mitglied, war er Teil einer Gruppe. Niemand machte sich mehr über ihn lustig, niemand machte ihm das Leben schwer. Und die Veränderung, die mit Robert vor sich gegangen war, war in der Tat bemerkenswert. Nicht nur, daß sich seine äußere Erscheinung verbessert hatte. Er leistete jetzt auch eigene Beiträge. Zum erstenmal war er ein aktives Mitglied seiner Klasse. Und das galt nicht nur für den Geschichtskurs. Christy sagte, in der Musik sei es ebenfalls deutlich zu spüren. Robert kam ihnen allen vor wie ein neuer Mensch. Wenn man die *Welle* jetzt einfach enden ließ, stieß man Robert möglicherweise in die Rolle des Klassensonderlings zurück und nahm ihm damit seine einzige Chance.

Und würde das Ende der *Welle* nicht auch die anderen Schüler enttäuschen, die daran teilnahmen? Ben war sich nicht sicher. Man nahm ihnen jedenfalls damit die Chance, genau zu erkennen, wohin das Experiment schließlich führte. Und er selbst verlor die Möglichkeit, seine Schüler bis zu diesem Punkt zu führen. Plötzlich blieb Ben stehen. Moment mal! Seit wann führte er sie denn irgendwohin? Es handelte sich doch einfach um ein Experiment im Unterricht, nicht wahr? Er bot seinen Schülern die Gelegenheit, ein Gespür dafür zu gewinnen, wie das Leben in Nazi-Deutschland gewesen sein mochte. Ross lächelte über sich selbst. Man soll sich nicht zu sehr mitreißen lassen, dachte er, und ging weiter den Flur entlang.

Die Tür zum Zimmer des Direktors stand offen, und als Owens Ben Ross im Vorzimmer sah, winkte er ihn zu sich. Ben war ein wenig verwirrt. Auf dem Weg hierher hatte er sich eingeredet, Direktor Owens werde ihm gründlich den Kopf waschen wollen, doch der alte Mann schien bester Laune zu sein. Direktor Owens war ein wahrer Riese, an die zwei Meter groß. Sein Kopf war fast völlig kahl, abgesehen von einem Haarbüschel über

jedem Ohr. Sonst war an ihm nur noch die Pfeife bemerkenswert, die er immer zwischen den Lippen trug. Er hatte eine tiefe Stimme und damit konnte er, wenn er zornig war, selbst den aufrührerischsten »Rebellen« in ein Lamm verwandeln. Aber heute sah es ganz so aus, als hätte Ben nichts zu fürchten.
Der Direktor saß hinter seinem Schreibtisch und hatte die schwarzen Schuhe auf die Tischkante gelegt. Er blinzelte Ben entgegen. »Der Anzug steht Ihnen gut«, sagte er.
Owens hatte man in der Schule nie anders als in einem dreiteiligen Anzug gesehen; selbst dann nicht, wenn er am Samstagnachmittag zum Football kam.
»Danke, Sir!« antwortete Ben ein wenig nervös.
Direktor Owens lächelte. »Ich erinnere mich gar nicht, an Ihnen vorher schon einmal einen Anzug gesehen zu haben.«
»Für mich ist es auch neu«, gab Ben zu.
Eine der Augenbrauen des Direktors hob sich. »Hat das vielleicht auch etwas mit der *Welle* zu tun?« fragte er.
Ben mußte sich räuspern. »Ja ... ja, in gewisser Weise schon.«
Direktor Owens lächelte. »Nun erklären Sie mir doch einmal, Ben, was es mit dieser *Welle* auf sich hat«, sagte er. »Sie haben ja die ganze Schule in Unruhe versetzt.«
»Ich hoffe, daß es eine gute Unruhe ist.«
Der Direktor rieb sich das Kinn. »Nach allem, was ich bisher gehört habe, scheint es so. Oder haben Sie etwas anderes gehört?«
Ben wußte, daß er ihn beruhigen mußte. Er schüttelte den Kopf. »Nein, Sir, ich habe nichts gehört.«
Der Direktor nickte. »Ich bin ganz Ohr, Ben.«
Ben atmete tief und fing an: »Es begann vor einigen Tagen in meinem Geschichtskurs für Fortgeschrittene. Wir

haben uns einen Film über die Nazis angesehen, und . . .«

Als er seinen Bericht beendet hatte, bemerkte Ben, daß Direktor Owens nicht mehr so fröhlich wie zuvor aussah, aber auch keineswegs so unangenehm berührt, wie Ben befürchtet hatte. Der Direktor nahm die Pfeife aus dem Mund und klopfte sie im Aschenbecher aus. »Ich muß sagen, das ist ungewöhnlich, Ben. Sind Sie sicher, daß die Schüler dadurch im Stoff nicht zurückbleiben?«

»Im Gegenteil, sie sind eher voraus«, antwortete Ben.

»Aber es gibt doch auch Schüler außerhalb der Klasse, die an der *Welle* beteiligt sind«, bemerkte der Direktor.

»Aber es hat keine Klagen gegeben«, versicherte Ben. »Tatsächlich sagte mir Christy, daß sie in ihren Klassen sogar eine Verbesserung bemerkt hat.« Das war zwar eine leichte Übertreibung, wie Ben genau wußte, aber Ben hielt sie für nötig, weil er fürchtete, daß Owens die *Welle* überbewertete.

»Immerhin, Ben, diese Grundsätze und diese Grüßerei, das stört mich alles ein bißchen.«

»Kein Grund zur Beunruhigung«, versicherte Ben. »Das gehört einfach zum Spiel, und außerdem, Norm Schiller . . .«

»Ja, ja, ich weiß«, unterbrach ihn Owens. »Er war gestern bei mir und hat von der *Welle* nur so geschwärmt. Er sagt, seine Footballmannschaft sei wie umgekrempelt. Wenn man ihn reden hört, sollte man meinen, daß unsere Schulmannschaft künftig alle Pokale gewinnt. Es sollte mich gar nicht wundern, wenn sie am Samstag die Mannschaft aus Clarkstown schlagen würde. Aber das ist nicht meine Sorge, Ben. Ich denke an die Schüler. Diese *Welle* ist in ihrem Ausgang zu unsicher, meine ich. Natürlich weiß ich, daß Sie keinerlei Regeln verletzt haben, aber es gibt auch Grenzen.«

»Das ist mir klar«, versicherte Ben. »Sie müssen verstehen, daß dieses Experiment gar nicht weiter gehen kann als ich es zulasse. Die ganze Grundlage der *Welle* ist die Idee einer Gruppe, die bereit ist, ihrem Führer zu folgen. Und solange ich damit zu tun habe, kann ich versichern, daß die Sache mir nicht außer Kontrolle geraten wird.«
Direktor Owens stopfte seine Pfeife neu und zündete sie an. Für einen Augenblick verschwand er hinter einer dichten Rauchwolke, während er über Bens Worte nachdachte. »Also gut!« sagte er endlich. »Um ganz offen zu sein: Diese Geschichte ist so anders als alles, was ich bisher hier erlebt habe, daß ich nicht recht weiß, was ich davon halten soll. Ich sage nur, wir müssen die Entwicklung genau im Auge behalten, Ben. Und halten Sie auch die Ohren offen! Vergessen Sie nicht, Ben, an diesem Experiment, wie Sie es nennen, sind junge, beeindruckbare Menschen beteiligt. Manchmal vergessen wir, daß sie jung sind und noch nicht die Urteilsfähigkeit entwikkelt haben, die sie hoffentlich einmal auszeichnen wird. Manchmal treiben junge Leute die Dinge einfach zu weit, wenn man sie nicht im Auge behält. Sie verstehen, was ich meine?«
»Vollkommen.«
»Und Sie versprechen mir, daß ich hier nicht demnächst eine ganze Parade von Eltern haben werde, die mir vorwerfen, daß wir ihre Kinder hier auf irgendeine Weise indoktrinieren?«
Ben nickte.
»Gut. Ich kann nicht gerade sagen, daß ich begeistert bin, aber bisher hatte ich niemals Grund, an Ihnen zu zweifeln.«
»Und das wird auch so bleiben«, versicherte Ben.

11

Als Laurie Saunders am nächsten Tag in das Redaktionsbüro kam, fand sie auf dem Fußboden einen weißen Umschlag, den jemand am Spätnachmittag oder am frühen Morgen unter der Tür hindurchgeschoben haben mußte. Laurie hob ihn auf und schloß die Tür hinter sich. Im Umschlag fand sich ein handschriftlicher Bericht, an dem eine Notiz hing. Laurie las sie:

Liebe Redaktion,

hier ist ein Bericht, den ich für die Schülerzeitung geschrieben habe. Sucht gar nicht erst nach meinem Namen, denn den werdet ihr nicht finden. Ich möchte nicht, daß meine Freunde oder andere Schüler wissen, daß ich das geschrieben habe.

Mit gerunzelter Stirn wandte Laurie sich dem Bericht zu. Als Überschrift hatte der anonyme Schreiber gewählt:

»Willkommen in der *Welle* – sonst ...«

Ich bin in der Unterstufe der Gordon High School. Vor drei oder vier Tagen haben meine Freunde und ich von der *Welle* gehört, mit der die Größeren alle zu tun haben. Das hat uns interessiert. Ihr wißt ja, daß die Jüngeren immer wie die Größeren sein wollen.

Ein paar von uns sind zum Geschichtskurs von Mr. Ross gegangen, um zu sehen, was es damit auf sich

hat. Einigen meiner Freunde hat das gefallen, einige waren nicht so ganz sicher. Ich fand es blöd.
Als der Unterricht vorbei war, wollten wir gehen. Aber ein großer Schüler hielt uns auf dem Flur auf. Ich kannte ihn nicht, aber er sagte, daß er zum Kurs von Mr. Ross gehörte, und er fragte uns, ob wir nicht Mitglieder der *Welle* werden wollten. Zwei meiner Freunde stimmten zu, zwei sagten, sie wüßten es noch nicht genau, und ich sagte, ich sei nicht daran interessiert.
Der Schüler fing an, uns zu erzählen, wie großartig die *Welle* sei. Er sagte, je mehr Mitglieder es gäbe, desto besser liefe alles. Er sagte, fast alle älteren Schüler seien schon Mitglieder, und die meisten »Junioren« auch.
Schon bald änderten meine beiden noch unentschlossenen Freunde ihre Meinung und erklärten, sie wollten auch Mitglieder werden. Dann wandte sich der große Schüler an mich: »Und du? Willst du nicht zu deinen Freunden halten?« Ich sagte ihm, sie blieben auch dann meine Freunde, wenn ich nicht Mitglied würde. Er fragte mich immer wieder, warum ich denn nicht wollte. Ich sagte nur einfach, mir sei eben nicht danach. Und dann wurde er böse. Er sagte, es würde nicht mehr lange dauern, dann würden Mitglieder der *Welle* nicht mehr mit Leuten befreundet sein wollen, die nicht dazugehörten. Er behauptete, wenn ich nicht beitreten wolle, dann würde ich alle meine Freunde verlieren. Ich glaube, er wollte mir Angst machen.
Einer meiner Freunde sagte, er sehe nicht ein, warum jemand unbedingt Mitglied werden solle, wenn er es nun einmal nicht wollte! Meine anderen Freunde stimmten zu, und wir gingen.

Heute habe ich herausgefunden, daß drei meiner Freunde doch Mitglieder geworden sind, nachdem andere Schüler mit ihnen geredet haben. Diesen Schüler aus dem Kurs von Mr. Ross habe ich in der Pausenhalle gesehen, und er fragte mich, ob ich immer noch nicht beigetreten sei. Ich sagte ihm, ich hätte das nicht vor. Und er hat darauf geantwortet, wenn ich es nicht bald täte, dann sei es zu spät.

Und nun möchte ich gern wissen: Zu spät wozu?

Laurie faltete die Blätter zusammen und schob sie in den Umschlag zurück. Ihre eigenen Gedanken über die *Welle* klärten sich allmählich.

Auf dem Rückweg vom Büro des Direktors sah Ben mehrere Schüler, die in der Halle eine große Fahne mit dem Zeichen der *Welle* aufhängten. Es war der Tag, an dem sich der Fan-Club versammelte, nein, die *Welle,* mußte Ross seine Gedanken verbessern. Es waren jetzt noch mehr Schüler als vorhin auf dem Gang und in der Halle, und es kam ihm vor, als müsse er unaufhörlich grüßen. Wenn das so weitergeht, werde ich einen Muskelkater im Arm bekommen, dachte er belustigt. Brad und Eric standen an einem Tisch und verteilten Flugblätter, während sie immer wieder riefen:

»MACHT DURCH DISZIPLIN!
MACHT DURCH GEMEINSCHAFT!
MACHT DURCH HANDELN!«

»Hier könnt ihr alles über die *Welle* erfahren«, erklärte Brad vorübergehenden Schülern. »Nehmt die Flugblätter mit.«

»Und vergeßt die Versammlung heute nachmittag nicht«, erinnerte Eric. »Arbeitet zusammen und erreicht gemeinsam eure Ziele!«

Ben lächelte. Die unerschöpfliche Energie der Schüler

war fast zuviel für ihn. Überall in der Schule klebten jetzt Poster der *Welle.* Jedes Mitglied schien irgend etwas zu tun: neue Mitglieder gewinnen, Auskünfte geben, die Turnhalle für die Versammlung am Nachmittag vorbereiten. Ben fand es fast überwältigend.
Ein Stückchen weiter hatte er das seltsame Gefühl, es folge ihm jemand. Einen Meter hinter ihm stand Robert und lächelte. Ben lächelte zurück und ging weiter, doch Sekunden später blieb er abermals stehen. Robert war noch immer dicht hinter ihm.
»Robert, warum machst du das?« fragte Mr. Ross.
»Mister Ross, ich bin Ihr Leibwächter«, erklärte Robert.
»Mein was?«
Robert zögerte ein wenig. »Ich möchte gern Ihr Leibwächter sein. Ich meine, Sie sind doch der Führer, Mister Ross! Ich kann nicht zulassen, daß Ihnen irgend etwas zustößt!«
»Was könnte mir denn zustoßen?« fragte Ben und war von dieser Vorstellung erschreckt.
Robert schien gar nicht auf die Frage zu achten. »Ich weiß, daß Sie einen Leibwächter brauchen, und ich könnte das, Mister Ross. Zum erstenmal in meinem Leben habe ich das Gefühl . . . Wirklich, niemand macht sich mehr über mich lustig. Ich habe das Gefühl, daß ich zu etwas ganz Besonderem gehöre.«
Ben nickte.
»Also, darf ich? Ich weiß, daß Sie einen Leibwächter brauchen, und ich könnte das!«
Ben schaute Robert ins Gesicht. Der früher so in sich gekehrte Junge ohne Selbstbewußtsein war jetzt ein ernsthaftes Mitglied der *Welle,* das sich Sorgen um seinen Führer machte. Aber ein Leibwächter?
Ben zögerte. Ging das nicht zu weit? Immer deutlicher erkannte er, welche Rolle seine Schüler ihm aufzwan-

gen. Er war der oberste Führer der *Welle.* Im Laufe der letzten Tage hatte er mehrmals gehört, daß Mitglieder über »Befehle« sprachen, die er gegeben habe: Befehle, Poster in der Halle aufzuhängen, Befehle, die Bewegung der *Welle* auf die unteren Klassen auszudehnen, sogar den Befehl, die Versammlung des Fanclubs in eine Versammlung der *Welle* umzufunktionieren.
Seltsam daran war nur, daß er diese Befehle niemals gegeben hatte. Irgendwie waren sie in den Gedanken der Schüler entstanden, und dann hatte man sie ihm wohl fast automatisch zugeschrieben. Es war so, als hätte die *Welle* ein eigenes Leben gewonnen und ihn und seine Schüler mit sich fortgeschwemmt.
Ben Ross sah Robert Billings nachdenklich an: Er wußte, wenn er jetzt Robert erlaubte, die Rolle eines Leibwächters zu spielen, willigte er damit ein, zu einem Menschen zu werden, der einen Leibwächter brauchte. Aber gehörte das nicht auch zu dem beabsichtigten Ergebnis?
»Also, gut, Robert«, sagte er. »Du darfst mein Leibwächter sein.«
Ein breites Lächeln erschien auf Roberts Gesicht. Ben zwinkerte ihm zu und ging weiter die Halle entlang. Vielleicht war es ganz nützlich, einen Leibwächter zu haben. Für das Gelingen des Experiments war es wichtig, daß er der unumstrittene Führer der *Welle* blieb. Und diese Rolle konnte durch einen Leibwächter nur verstärkt werden.

12

Die Versammlung der *Welle* in der Turnhalle mußte gleich beginnen, aber Laurie Saunders stand noch an ihrem Schrank und war nicht sicher, ob sie hingehen sollte. Sie konnte immer noch nicht in Worte fassen, was sie an der *Welle* störte, aber sie spürte den Widerspruch in sich wachsen. Irgend etwas stimmte nicht. Der anonyme Brief von heute morgen war ein Symptom. Nicht nur hatte ein älterer Schüler versucht, einen jüngeren zum Beitritt in die *Welle* zu zwingen. Es war mehr – die Tatsache, daß der Schüler nicht gewagt hatte, seinen Namen unter den Brief zu schreiben, die Tatsache, daß er davor Angst gehabt hatte. Seit Tagen hatte Laurie versucht, die Wichtigkeit der *Welle* für sich selbst zu leugnen, aber es klappte einfach nicht. Die *Welle* war furchterregend. Sie war sicher großartig, solange man ein Mitglied war, das keine Fragen stellte. War man das aber nicht . . .

Lauries Gedanken wurden von plötzlichem Geschrei auf dem Platz vor der Turnhalle unterbrochen. Sie trat ans Fenster und sah, daß zwei Jungen sich prügelten, während andere rundum standen und sie lauthals anfeuerten. Laurie stockte fast der Atem. Einer der beiden Kampfhähne war Brian Ammon! Sie sah zu, wie die beiden sich gegenseitig mit Schlägen eindeckten und unge-

schickt miteinander rangen, bis sie zu Boden stürzten. Was war da los?
Jetzt kam ein Lehrer herbeigelaufen und trennte die beiden Kämpfer. Er packte jeden der beiden fest an einem Arm und zerrte sie mit sich. Wahrscheinlich brachte er sie zu Direktor Owens. Als er fortgeführt wurde, schrie Brian: »Macht durch Disziplin! Macht durch Gemeinschaft! Macht durch Handeln!«
Der andere Junge schrie zurück: »Ach, hör doch auf damit!«
»Hast du das gesehen?«
Die Stimme, die plötzlich hinter ihr war, erschreckte Laurie. Sie fuhr herum. Da stand David.
»Hoffentlich läßt Direktor Owens Brian danach noch an der Versammlung teilnehmen«, meinte David.
»Haben sie sich wegen der *Welle* geprügelt?«
David hob die Schultern. »Es steckt mehr dahinter. Dieser Bursche, gegen den Brian da gekämpft hat, ist ein Junior. Deutsch heißt er. Er ist schon das ganze Jahr scharf auf Brians Platz in der Mannschaft. Das alles hat sich schon seit Wochen zusammengebraut. Ich hoffe nur, daß er bekommen hat, was er verdient.«
»Aber Brian hat doch das *Wellen*motto gerufen«, meinte Laurie.
»Ja, sicher. Er gehört ja dazu. Wir alle gehören dazu.«
»Auch der Junge, mit dem er gekämpft hat?«
David schüttelte den Kopf. »Nein, Deutsch ist ein Außenseiter, Laurie. Wenn er zur *Welle* gehörte, dann würde er ja nicht versuchen, Brian seinen Platz in der Mannschaft zu stehlen. Dieser Bursche ist wirklich schädlich für die Mannschaft. Hoffentlich wirft ihn Trainer Schiller hinaus.«
»Weil er nicht in der *Welle* ist?« fragte Laurie.
»Ja! Wenn er wirklich das Beste für die Mannschaft

wollte, dann würde er beitreten, ohne Brian das Leben schwerzumachen. Er ist ein Ein-Mann-Team, Laurie. Er ist auf einem großen Ego-Trip und hilft keinem.« David schaute zur Uhr in der Halle. »Komm, wir müssen zur Versammlung. Sie fängt gleich an.«

In diesem Augenblick traf Laurie eine Entscheidung. »Ich gehe nicht hin«, sagte sie.

»Was sagst du?« fragte David erstaunt. »Warum denn nicht?«

»Weil ich nicht will.«

»Aber, Laurie, das ist eine unglaublich wichtige Versammlung«, erklärte David. »Alle neuen Mitglieder werden dort sein.«

»David, ich glaube, daß du und alle anderen diese *Welle* ein bißchen zu ernst nehmen.«

David schüttelte den Kopf. »Nein, das tue ich nicht. Aber du nimmst sie nicht ernst genug. Schau mal, Laurie, du bist immer ein Führertyp gewesen. Die anderen Schüler haben immer auf dich geschaut. Du mußt einfach bei dieser Versammlung sein.«

»Aber das ist ja genau der Grund, aus dem ich nicht hingehe«, versuchte Laurie zu erklären. »Sie sollen sich ihre eigene Meinung über die *Welle* bilden. Sie sind Individuen. Sie brauchen mich nicht als Helferin.«

»Ich verstehe dich nicht«, sagte David.

»David, ich kann nicht glauben, wie verrückt plötzlich alle geworden sind. Die *Welle* übernimmt einfach die Macht über alles.«

»Ja, sicher«, bestätigte David. »Weil die *Welle* etwas Vernünftiges ist. Sie funktioniert. Alle gehören zum selben Team. Endlich einmal sind alle gleich!«

»Das ist ja fantastisch!« erwiderte Laurie spöttisch. »Müssen wir dann vielleicht auch alle gemeinsam beim Football die Punkte machen?«

David trat zurück und betrachtete seine Freundin aufmerksam. So etwas hatte er nicht erwartet. Ganz gewiß nicht von Laurie.
»Aber siehst du denn nicht ein ...«, sagte Laurie, die sein Zögern für den Anfang eines Zweifels hielt, »du bist ein solcher Idealist, David. Du bist ganz scharf darauf, eine Gesellschaft zu schaffen, die voll ist von gleichen Menschen und großen Footballteams, daß du gar nichts anderes mehr siehst. Aber so ist das nun einmal nicht. Es wird immer Menschen geben, die nicht daran teilhaben wollen, und sie haben ein Recht darauf, dann auch wirklich nicht beizutreten.«
David kniff die Augen zusammen. »Weißt du«, sagte er, »du bist nur dagegen, weil du nichts Besonderes mehr bist. Weil du nicht mehr die beste und beliebteste Schülerin der ganzen Klasse bist.«
»Das ist nicht wahr, und das weißt du genau!« gab Laurie heftig zurück.
»Ich glaube, es ist doch wahr«, beharrte David. »Und jetzt weißt du, daß wir anderen in der Klasse es längst satt haben, immer nur dich die richtigen Antworten geben zu hören. Immer warst du die Beste. Was ist das denn für ein Gefühl, wenn man es plötzlich nicht mehr ist?«
»Du bist wirklich dumm!« schrie Laurie ihn an.
David nickte. »Also gut, wenn ich so dumm bin, warum suchst du dir dann nicht einen schlaueren Freund?« Er wandte sich ab und ging auf die Turnhalle zu.
Laurie sah ihm nach. Verrückt! dachte sie. Alles gerät aus den Fugen.
Nach allem, was Laurie hören konnte, mußte die Versammlung ein Riesenerfolg sein. Sie verbrachte die Zeit im Redaktionsbüro. Das war der einzige Ort, der sie davor bewahrte, pausenlos von Schülern gefragt zu wer-

den, warum sie nicht bei der Versammlung sei. Laurie wollte nicht zugeben, daß sie sich versteckte, doch es war so. So irrsinnig war diese ganze Angelegenheit inzwischen geworden. Man mußte sich verstecken, wenn man nicht dazugehörte!
Laurie nahm einen Kugelschreiber und kaute nervös daran. Sie mußte etwas tun. Die Schülerzeitung mußte etwas tun.
Einige Minuten später wurde sie aus ihren Gedanken gerissen, als jemand den Türknauf drehte. Laurie erschrak. War da jemand gekommen, um sie zu holen?
Die Tür öffnete sich, und Alex kam im Takt der Musik, die aus seinen Kopfhörern strömte hereingetänzelt.
Laurie ließ sich in ihren Stuhl zurücksinken und atmete erleichtert auf.
Als Alex Laurie sah, lächelte er und nahm die Kopfhörer ab. »He, wie kommt es denn, daß du nicht bei der Truppe bist?«
Laurie schüttelte den Kopf. »So schlimm ist es ja nun noch nicht, Alex.«
Aber der grinste. »Meinst du? Wenn das so weitergeht, dann wird unsere Schule bald eine Art Kaserne sein.«
»Ich finde das gar nicht spaßig«, antwortete Laurie.
Alex hob die Schultern und verzog das Gesicht. »Laurie, du mußt endlich einmal begreifen, daß man gegen das Lächerliche einfach nichts tun kann.«
»Gut, aber du meinst, daß die anderen so etwas wie Soldaten sind. Hast du dann keine Angst, daß du auch eingezogen wirst?« fragte Laurie.
Alex grinste. »Ich?« Dann fuhr er mit furchterregenden Karateschlägen durch die Luft. »Einer von denen soll mir kommen, dann nehme ich ihn auseinander wie Kung Fu!«
Wieder öffnete sich die Tür, und diesmal kam Carl. Als

er Laurie und Alex sah, lächelte er. »Das sieht ja fast so aus, als wäre ich hier in Anne Franks Dachkammer geraten«, sagte er.
»Die letzten der verkommenen Individuen«, antwortete Alex.
Carl nickte. »Das glaube ich auch. Ich komme gerade von der Versammlung.«
»Und sie haben dich tatsächlich rausgelassen?« fragte Alex.
»Ich mußte zur Toilette«, antwortete Carl.
»He, Mann«, sagte Alex. »Dann bist du hier aber ziemlich falsch.«
Carl grinste. »Von der Toilette aus bin ich hergekommen. Jeder Ort ist mir recht, wenn ich nur nicht wieder in diese Versammlung muß.«
»Dann tritt in unseren Club ein«, meinte Laurie.
»Vielleicht sollten wir uns einen Namen geben«, schlug Alex vor. »Da es die *Welle* schon gibt, können wir vielleicht das Gekräusel sein.«
»Was hältst du davon?« fragte Carl.
»Von dem Namen Gekräusel?«
»Nein, von der *Welle*.«
»Ich meine, es wird höchste Zeit, daß wir die nächste Nummer unserer Schülerzeitung herausbringen.«
»Entschuldige, wenn ich meine nicht immer sehr ernsthafte Meinung einbringe«, sagte Alex, »aber wir sollten uns damit sehr beeilen, bevor sich auch noch die übrigen Redakteure von dieser *Welle* fortschwemmen lassen.«
»Dann sagt den anderen Bescheid«, sagte Laurie. »Am Sonntag um zwei Uhr haben wir eine Sondersitzung bei mir zu Hause. Und sorgt nach Möglichkeit dafür, daß nur solche kommen, die nicht zur *Welle* gehören.«

An diesem Abend war Laurie allein in ihrem Zimmer. Den ganzen Nachmittag war sie in Gedanken zu sehr mit der *Welle* beschäftigt gewesen, um an David zu denken. Außerdem hatten sie sich auch früher schon gestritten. Aber schon anfangs der Woche hatte David sich mit ihr für diesen Abend verabredet, und jetzt war es bereits halb elf. Es war offensichtlich, daß er nicht kommen würde. Laurie konnte es noch immer nicht recht glauben: Sie gingen jetzt schon seit dem ersten High-School-Jahr miteinander, und jetzt sollte eine solche Kinderei wie die *Welle* sie trennen? – Aber die *Welle* war kein unbedeutender Kinderkram. Schon längst nicht mehr.

Mehrmals im Laufe des Abends war Mrs. Saunders gekommen, um zu fragen, ob sie darüber reden wollte, doch Laurie hatte abgelehnt. Ihre Mutter machte sich immer gleich so viel Sorgen, und das Problem war, daß es diesmal wirklich einen Grund zur Besorgnis gab. Laurie hatte an ihrem Schreibtisch gesessen und versucht, einen Artikel über die *Welle* für die Schülerzeitung zu schreiben, aber bisher war das Blatt Papier – abgesehen von ein paar Tränenflecken – immer noch leer.

Jemand klopfte an die Tür, und Laurie fuhr sich schnell mit dem Handrücken über die Augen. Das war unsinnig. Wenn ihre Mutter jetzt hereinkam, sah sie ohnehin, daß Laurie geweint hatte. »Ich möchte jetzt nicht reden, Mom!« sagte sie.

Aber die Tür öffnete sich trotzdem. »Es ist nicht deine Mutter.«

»Dad?« Laurie war überrascht, ihren Vater zu sehen. Nicht etwa, daß sie sich ihm nicht nahe fühlte, aber anders als ihre Mutter mischte er sich für gewöhnlich nicht in ihre Probleme ein, falls die nicht irgend etwas mit Golf zu tun hatten.

»Darf ich hereinkommen?« fragte der Vater.
»Ja, sicher, Dad!« Laurie lächelte ein wenig. »Vor allem angesichts der Tatsache, daß du schon drinnen bist.«
Mr. Saunders nickte. »Du weißt, ich mische mich ungern ein, Kleines, aber deine Mutter und ich machen uns wirklich Sorgen.«
»Hat sie dir gesagt, daß David mit mir Schluß gemacht hat?« fragte Laurie.
»Ja, das hat sie auch«, bestätigte der Vater, »und es tut mir leid. Wirklich. Ich habe ihn immer für einen netten Jungen gehalten.«
»Das war er auch«, sagte Laurie. Bis die *Welle* kam, setzte sie in Gedanken hinzu.
»Aber ich mache mir aus einem anderen Grund Sorgen, Laurie. Ich habe da heute abend auf dem Golfplatz etwas gehört . . .« Mr. Saunders beendete seine Arbeit am Freitag immer schon etwas früher, um vor Sonnenuntergang noch ein paar Löcher zu spielen.
»Was denn?«
»Heute nach der Schule wurde ein Junge zusammengeschlagen«, erzählte ihr Vater. »Nun habe ich diese Geschichte ja aus zweiter Hand, also weiß ich nicht, ob alles genau stimmt, aber anscheinend hat es in der Schule so etwas wie eine Versammlung gegeben, und ein Junge hatte sich geweigert, dieser *Welle* beizutreten, und obendrein hatte er noch irgendeine kritische Bemerkung gemacht.«
Laurie war sprachlos.
»Die Eltern des Jungen sind Nachbarn von einem meiner Golfpartner. Sie sind erst dieses Jahr zugezogen. Der Junge muß also neu in der Schule sein.«
»Dann wäre er doch der ideale Kandidat für die Mitgliedschaft in der *Welle*«, sagte Laurie.
»Vielleicht«, sagte Mr. Saunders. »Aber dieser Junge ist

ein Jude, Laurie. Ob es vielleicht damit etwas zu tun hat?«

Laurie schluckte. »Du meinst doch nicht ... Dad, du kannst doch nicht meinen, daß so etwas bei uns anfängt? Ich meine, ich mag die *Welle* nicht, aber so ist sie nun wirklich nicht!«

»Bist du ganz sicher?« fragte ihr Vater.

»Nun ja, ich weiß, wer ursprünglich zur *Welle* gehörte. Ich war dabei, als alles angefangen hat. Die Grundidee war doch, uns zu zeigen, wie so etwas wie Nazi-Deutschland überhaupt entstehen konnte. Es war doch nicht das Ziel der Sache, uns selber zu kleinen Nazis zu machen. Das ist ...«

»Dieser Versuch scheint außer Kontrolle geraten zu sein, Laurie«, sagte ihr Vater. »Könnte das sein?«

Laurie nickte. Sie war zu betroffen, um etwas zu sagen.

»Einige der Golfpartner haben davon geredet, am Montag zur Schule zu gehen und mit dem Direktor zu sprechen«, berichtete Mr. Saunders. »Einfach um sicherzugehen, verstehst du?«

Laurie nickte. »Wir geben eine Sondernummer der Schülerzeitschrift heraus, und da werden wir diesen ganzen Fall darstellen.«

Ihr Vater schwieg ein paar Augenblicke, dann sagte er: »Das ist ein guter Gedanke, Kleines. Aber sei vorsichtig, ja?«

»Ich werde vorsichtig sein«, versicherte sie.

13

In den letzten drei Jahren war es für Amy zur Gewohnheit geworden, samstags nachmittags bei den Footballspielen zu sein. David gehörte zum Team, und obwohl Amy keinen festen Freund hatte, waren die Jungen, mit denen sie sich gelegentlich verabredete, meistens Footballspieler.
Am Samstag nachmittag konnte Laurie es gar nicht abwarten, Amy zu sehen. Sie mußte ihr berichten, was sie von ihrem Vater erfahren hatte. Es hatte Laurie überrascht, daß Amy bis jetzt immer noch zur *Welle* hielt. Nun war sie ganz sicher, daß Amy schnell zur Vernunft kommen würde, sobald sie erst von dem zusammengeschlagenen Jungen hörte. Außerdem mußte Laurie unbedingt mit ihr über David sprechen. Sie konnte noch immer nicht begreifen, wie so etwas »Lächerliches« wie die *Welle* David dazu gebracht hatte, mit ihr Schluß zu machen. Vielleicht wußte Amy etwas, was ihr unbekannt war. Vielleicht konnte sie sogar mit David über den Fall reden.
Laurie kam gerade rechtzeitig zum Beginn des Spiels. Es war das zahlenmäßig stärkste Publikum des Jahres, und Laurie brauchte einige Zeit, ehe sie Amys blonden Lokkenkopf auf den gut gefüllten Rängen entdeckte.
Sie war schon halb hinaufgestiegen zur obersten Reihe,

wollte zu Amy hinüberlaufen, als jemand ihr zurief: »Halt!«
Laurie blieb stehen und sah Brad auf sich zukommen. »Oh, Laurie, ich habe dich von hinten gar nicht erkannt«, sagte er. Dann vollführte er den *Wellen*-Gruß.
Laurie stand da, ohne sich zu rühren.
Brad zog die Augenbrauen zusammen. »Los, Laurie, du brauchst nur zu grüßen, dann darfst du hinaufgehen.«
»Wovon redest du eigentlich, Brad?«
»Das weißt du doch! Vom Gruß der *Welle*!«
»Du meinst, ich darf nicht auf die Tribüne, solange ich nicht grüße?« fragte Laurie.
Brad schaute sich verlegen um. »Ja, das haben sie beschlossen, Laurie.«
»Wer – sie?«
»Die *Welle,* Laurie. Du weißt doch.«
»Brad, ich habe immer gedacht, du gehörst genauso zur *Welle* wie die meisten. Du bist doch in der Klasse von Mr. Ross.«
Brad hob die Schultern. »Ich weiß. Aber hör mal, was ist denn schon Großes dabei? Du grüßt, und schon kannst du hinauf.«
Laurie betrachtete die gefüllten Reihen. »Willst du etwa behaupten, daß alle, die da sitzen, vorher gegrüßt haben?«
»Ja, jedenfalls hier an meinem Teil der Tribüne bestimmt.«
»Aber ich will hinauf, und ich will eben nicht grüßen!« fuhr Laurie ihn ärgerlich an.
»Aber das kannst du nicht!« antwortete Brad. »Wer sagt, daß ich das nicht kann?« fragte Laurie lautstark. Einige Schüler schauten schon in ihre Richtung.
Brad errötete: »Hör mal, Laurie«, sagte er leise, »nun mach schon diesen blöden Gruß!«

Aber Laurie blieb unnachgiebig. »Nein! Das ist einfach lächerlich, und das weißt du genausogut wie ich.«
Brad kniff die Lippen zusammen, dann schaute er sich noch einmal um und sagte: »Okay, dann grüß nicht und geh weiter. Ich glaube, es schaut gerade niemand her.«
Aber plötzlich wollte Laurie nicht mehr zu den anderen. Sie hatte nicht die Absicht, sich irgendwo einzuschleichen. Das alles war einfach aus den Fugen geraten. Und manche Mitglieder, wie zum Beispiel Brad, mußten das genau wissen. »Brad«, sagte sie, »warum machst du das eigentlich mit, wenn du genau weißt, daß es dumm ist? Warum gehörst du dazu?«
»Sieh mal, Laurie, ich kann jetzt nicht darüber reden«, antwortete Brad unsicher. »Das Spiel fängt an. Ich soll hier einfach die Leute auf die Tribüne lassen. Ich habe viel zu tun.«
»Hast du Angst?« fragte Laurie. »Fürchtest du dich vor dem, was die anderen *Wellen*mitglieder mit dir anstellen, wenn du nicht mitmachst?«
Brad öffnete den Mund, sagte aber lange nichts. Dann sagte er endlich: »Ich fürchte mich vor keinem, Laurie. Und du solltest lieber den Mund halten. Du weißt, daß genug Leute bemerkt haben, daß du gestern nicht bei der Versammlung warst.«
»Na, und?« fragte Laurie.
»Ich will nichts gesagt haben, ich meine nur so«, antwortete Brad.
Laurie war verblüfft. Sie wollte gern wissen, was er andeuten versuchte, aber auf dem Feld lief ein großes Spiel. Brad wandte sich ab, und ihre Worte verloren sich im Geschrei der Menge.

Am Sonntag nachmittag verwandelten Laurie und einige Redaktionsmitglieder der Schülerzeitung das Wohnzimmer der Familie Saunders in eine Redaktion, um die Sonderausgabe fertigzustellen, die fast ausschließlich der *Welle* gewidmet sein sollte. Einige Redakteure waren nicht gekommen, und als Laurie die Anwesenden nach dem Grund dafür fragte, schienen sie anfangs zu zögern. Dann sagte Carl: »Ich habe das Gefühl, daß einige unserer Mitarbeiter lieber nicht den Zorn der *Welle* auf sich ziehen wollen.«

Laurie sah, daß die anderen zustimmend nickten.

»Diese rückgratlosen Amöben!« rief Alex, sprang auf und schüttelte mit großer Gebärde die Fäuste. »Ich verspreche, daß ich die *Welle* bis zum Ende bekämpfen werde! Freiheit oder Akne!«

Er schaute in die verblüfften Gesichter der anderen. »Na ja«, erklärte er, »ich denke mir eben, Akne ist noch schlimmer als Tod!«

»Setz dich, Alex«, sagte jemand milde. Alex setzte sich, und man ging wieder an die Arbeit. Aber Laurie spürte, daß alle an die abwesenden Mitarbeiter dachten.

In der Sonderausgabe über die *Welle* sollte auch ein Artikel über den anonymen Briefschreiber stehen und ein Bericht von Carl über den zusammengeschlagenen Mitschüler.

Es hatte sich herausgestellt, daß der Junge nicht ernsthaft verletzt war, daß ihn eben »nur« ein paar Größere zusammengeschlagen hatten. Es gab auch Zweifel daran, ob dieser Vorfall wirklich von der *Welle* ausgegangen war oder ob andere die *Welle* zum Vorwand genommen hatten, um einen Streit vom Zaun zu brechen. Immerhin hatte einer der Schläger den Jungen einen »dreckigen Juden« genannt. Die Eltern des Jungen hatten Carl erzählt, sie würden ihren Sohn nicht zur Schule gehen lassen, sondern am Montag morgen erst einmal Direktor Owens einen Besuch abstatten.

Es gab auch andere Interviews mit besorgten Eltern und skeptischen Lehrern. Am kritischsten aber war der Leitartikel, auf den Laurie den größten Teil ihres Samstags verwendet hatte. Sie verurteilte darin die *Welle* als eine gefährliche und sinnlose Bewegung, die jede Freiheit der Meinung und des Denkens unterdrücke und die sich gegen alle Werte richte, auf die sich das Land gründe. Sie machte darauf aufmerksam, daß die *Welle* bereits angefangen hatte, mehr Schaden als Gutes zu tun (auch mit der *Welle* hatten die Spieler der Gordon High School gegen Clarkstown 42:6 verloren), und warnte, daß mehr Unheil geschehen würde, wenn man nichts gegen die *Welle* unternahm.
Carl und Alex erklärten sich bereit, das Manuskript gleich morgen früh zum Drucker zu bringen. Bis zur Mittagspause würde die Schülerzeitung dann verteilt werden können.

/14/

Eines mußte Laurie noch tun, bevor die Zeitung herauskam. Am Montag morgen mußte sie Amy finden und ihr die ganze Geschichte erklären. Sie hoffte noch immer, daß Amy ihre Meinung über die *Welle* ändern würde, sobald sie den Artikel las. Laurie wollte sie gern warnen, damit sie sich noch von der *Welle* trennen konnte, ehe es vielleicht Ärger gab.

Sie fand Amy in der Schulbibliothek und gab ihr einen Durchschlag des Leitartikels zu lesen. Während Amy las, öffnete sich ihr Mund immer weiter und weiter. Endlich hob sie den Kopf und sah Laurie fassungslos an.

»Und was hast du damit vor?«

»Das veröffentliche ich in der Schülerzeitung«, erklärte Laurie.

»Aber so etwas kannst du doch nicht einfach über die *Welle* sagen«, meinte Amy.

»Und warum nicht? Es ist doch alles wahr! Alle scheinen von der *Welle* förmlich besessen zu sein. Niemand denkt mehr selbständig.«

»Ach, hör doch auf, Laurie«, sagte Amy. »Du bist nur aufgeregt. Das kommt alles von deinem Streit mit David.«

Laurie schüttelte den Kopf. »Ich meine es ernst, Amy. Die *Welle* verletzt Menschen. Und alle laufen ihr nach wie eine Herde Schafe. Ich kann nicht glauben, daß du immer noch dazugehören willst, nachdem du das gelesen hast. Siehst du denn nicht selbst, was die *Welle* ist? Sie bedeutet, daß jeder vergißt, wer er eigentlich ist. Die sind doch alle nur noch Maschinen. Warum willst du unbedingt dazugehören?«

»Weil die *Welle* bedeutet, daß niemand mehr besser ist als andere«, sagte Amy. »Weil ich seit dem Anfang unserer Freundschaft immer nur versucht habe, mit dir in Wettbewerb zu treten und mit dir Schritt zu halten. Aber jetzt habe ich nicht mehr das Gefühl, daß ich unbedingt einen Freund aus dem Footballteam haben muß genau wie du. Und wenn ich nicht will, dann brauche ich auch nicht dieselben Noten zu haben wie du, Laurie. Zum erstenmal seit drei Jahren habe ich das Gefühl, daß ich nicht mit Laurie Saunders im Wettbewerb stehe und daß die Menschen mich trotzdem mögen.«

Laurie spürte eine Gänsehaut. »Ich ... ich habe es immer gewußt, daß du es so empfindest«, stammelte sie, »und ich wollte schon immer mit dir darüber reden.«

»Weißt du denn nicht, daß die Hälfte aller Eltern der Kinder in unserer Schule ihren Söhnen und Töchtern sagen: ›Warum kannst du nicht sein wie Laurie Saunders?‹« sagte Amy. »Ach, Laurie, du bist doch nur gegen die *Welle,* weil du jetzt nicht mehr die Prinzessin unter uns bist.«

Laurie war betroffen. Selbst ihre beste Freundin, ein so kluges Mädchen wie Amy, wandte sich wegen der *Welle* gegen sie. Allmählich wuchs ihr Zorn. »Ich werde es jedenfalls veröffentlichen!« erklärte sie.

Amy blickte zu ihr auf und sagte: »Tu's nicht, Laurie!«

Aber Laurie schüttelte den Kopf. »Es ist schon in Druck«, sagte sie, »und ich weiß, was ich zu tun habe.«

Plötzlich war es, als wären sie Fremde. Amy blickte auf

ihre Uhr. »Ich muß gehen«, sagte sie und ließ Laurie allein in der Bibliothek zurück.

Die Exemplare der Schülerzeitung waren noch nie so schnell unter die Leute gebracht worden wie an diesem Tag. Es entstand eine mächtige Unruhe in der Schule. Nur wenige hatten bis jetzt von dem Mitschüler gehört, den man zusammengeschlagen hatte, und selbstverständlich kannte noch keiner die Geschichte des anonymen Briefschreibers. Aber sobald diese beiden Artikel in der Zeitung erschienen, liefen auch andere Geschichten um. Geschichten von Bedrohungen und Erpressungen gegen Schüler, die aus irgendeinem Grund der *Welle* Widerstand leisteten.

Es liefen auch noch andere Gerüchte um. Danach sollten am Morgen Lehrer und Eltern im Büro von Direktor Owens gewesen sein, um sich zu beschweren, und die Mitglieder des Schulrats hatten begonnen, Schüler zu befragen. Auf dem Pausenhof und in den Klassen herrschte eine unbehagliche Stimmung.

Im Lehrerzimmer legte Ben Ross sein Exemplar der Schülerzeitung aus der Hand und strich sich mit den Fingerspitzen über die Schläfen. Plötzlich hatte er entsetzliche Kopfschmerzen. Irgend etwas war schiefgegangen, und Ross hatte das deutliche Gefühl, er müsse sich deswegen Vorwürfe machen. Es war entsetzlich und unglaublich, daß man diesen Jungen zusammengeschlagen hatte. Wie konnte man ein Experiment mit solchen Auswirkungen verteidigen?

Überrascht stellte er fest, daß auch die deutliche Niederlage der Footballmannschaft gegen Clarkstown ihn störte. Es war schon merkwürdig, daß diese Niederlage ihn überhaupt beschäftigte, obwohl er sich gar nicht für Football interessierte. War es wegen der *Welle*? Im Laufe

der letzten Woche hatte er angefangen zu glauben, wenn das Footballteam ein gutes Ergebnis erzielte, so könnte das eine starke Wirkung auf den Erfolg der *Welle* haben.
Aber seit wann wünschte er sich eigentlich einen Erfolg der *Welle*? Erfolg oder Fehlschlag der *Welle* waren doch nicht Ziel des Experiments. Er hatte sich eigentlich nur für das zu interessieren, was seine Schüler daraus lernten.
Im Lehrerzimmer hing eine Hausapotheke, die praktisch alle jemals erfundenen Kopfschmerzmittel enthielt. Einer von Bens Freunden hatte ihm einmal erzählt, unter den Ärzten gebe es die höchste Selbstmordrate, unter den Lehrern die höchste Kopfschmerzrate. Ben schüttelte drei Tabletten aus der Röhre und ging zur Tür, um etwas Wasser zu holen.
Aber als er die Tür gerade erreicht hatte, blieb Ben stehen, weil er Stimmen draußen auf dem Gang hörte: Norm Schillers Stimme und die eines anderen Mannes, die er nicht erkannte. Jemand mußte Norm gerade in dem Augenblick aufgehalten haben, als er das Lehrerzimmer betreten wollte. Jetzt stand er vor der Tür und redete mit jemand anderem.
Ben hörte von innen zu.
»Nein, diese *Welle* war überhaupt nichts wert«, sagte Schiller. »Natürlich, die Jungen sind aufgeputscht worden und haben geglaubt, sie könnten gewinnen. Aber auf dem Spielfeld konnten sie das eben nicht in die Tat umsetzen. Alle *Wellen* der Welt sind nicht so gut wie ein paar tüchtige Spieler. Es gibt keinen Ersatz dafür. Man muß das Spiel einfach von Grund auf beherrschen.«
»Also, wenn Sie mich fragen, hat Ross diese Kinder einer richtigen Hirnwäsche unterzogen«, sagte der noch unbekannte Mann. »Ich weiß nicht, was zum Teufel

noch mal er sich dabei denkt, aber es gefällt mir jedenfalls nicht. Und es gefällt auch keinem der anderen Lehrer, mit denen ich gesprochen habe. Woher nimmt er sich eigentlich das Recht dazu?«
»Danach dürfen Sie mich nicht fragen«, antwortete Schiller.
Die Tür des Lehrerzimmers öffnete sich langsam, und Ben zog sich schnell in die Toilette neben dem Lehrerzimmer zurück. Sein Herz klopfte schnell, und sein Kopf schmerzte noch mehr als zuvor. Er spülte die drei Aspirin hinunter und vermied es, sich selbst im Spiegel anzuschauen. Fürchtete er sich vor dem, den er dann sehen könnte: einen Lehrer an der High School, der versehentlich in die Rolle eines Diktators geschlüpft war?

David Collins konnte es noch immer nicht verstehen. Für ihn war es zunächst einmal völlig unerklärlich, wieso nicht alle sich der *Welle* angeschlossen hatten. Wäre es anders gewesen, dann hätte es gar nicht zu diesen Ausschreitungen kommen können. Sie hätten alle als Gleiche, als Teamgefährten zusammengelebt. Es gab zwar einige, die lachten und sagten, die *Welle* habe jedenfalls dem Footballteam am Samstag nicht sehr geholfen, aber was erwarteten die denn eigentlich? Die *Welle* war schließlich keine Wunderdroge. Die Mannschaft wußte von der *Welle* erst seit fünf Tagen vor dem Spiel. Geändert hatte sich einfach der Geist, das mannschaftliche Verhalten.
David stand mit Robert Billings und ein paar anderen Schülern aus dem Geschichtskurs von Mr. Ross auf dem Pausenhof und betrachtete die Schülerzeitung. Lauries Leitartikel machte ihn ein wenig beklommen. Er hatte bisher nichts davon gehört, daß irgend jemand andere bedroht oder gar verletzt hatte. Er war überzeugt, daß

sie und ihre Redaktionskollegen das alles nur erfunden hatten. Zugegeben, er war unglücklich, weil sie sich weigerte, zur *Welle* zu gehören. Aber warum konnten sie und ihresgleichen die *Welle* nicht einfach in Ruhe lassen? Warum mußten sie so aggressiv sein? Robert, der neben ihm stand, war über den Leitartikel ernstlich erbost. »Das sind doch alles Lügen!« sagte er wütend. »So etwas darf sie einfach nicht schreiben!«
»So wichtig ist das nicht«, meinte David. »Niemand kümmert sich darum, was Laurie sagt oder schreibt.«
»Soll das ein Witz sein?« fragte Robert. »Jeder, der das liest, kriegt eine völlig falsche Vorstellung von der *Welle.*«
»Ich habe ihr gesagt, daß sie das nicht veröffentlichen soll«, sagte Amy.
»Immer mit der Ruhe«, wandte David ein. »Es gibt schließlich kein Gesetz, das allen Leuten befiehlt, an das zu glauben, was wir für richtig halten. Aber wenn wir dafür sorgen, daß die *Welle* wirklich funktioniert, dann werden sie es sehen, und sie werden auch erkennen, was dabei alles Gutes herauskommen kann.«
»Aber wenn wir nicht aufpassen«, erwiderte Eric, »dann werden diese Leute uns alles verderben. Habt ihr denn nicht die Gerüchte gehört, die umlaufen? Ich habe gehört, daß Eltern und Lehrer und alle möglichen Leute beim Direktor waren und sich beschwert haben. Könnt ihr euch das vorstellen? Unter diesen Umständen wird kaum noch einer die Chance haben, sich davon zu überzeugen, was die *Welle* wirklich leisten kann.«
»Laurie Saunders ist eine Bedrohung«, erklärte Robert. »Man muß sie an ihren Plänen hindern.«
David mochte den Tonfall nicht. »He, Moment mal«, begann er einen Widerspruch, doch Brian unterbrach ihn. »Keine Angst, Robert, David und ich kümmern uns um Laurie. Einverstanden, David?«

»Ach, weißt du . . .« David spürte, daß Brians Hand auf seiner Schulter ihn von den anderen fortdrängte. Robert nickte zustimmend.

»Hör zu, Mann!« flüsterte Brian. »Wenn überhaupt jemand Laurie dazu bringen kann, mit ihren Angriffen aufzuhören, dann bist du das.«

»Ja, aber Roberts Haltung gefällt mir nicht«, flüsterte David zurück. »Das klingt ja beinahe so, als müßten wir alle auslöschen, die gegen uns sind. Dabei sollten wir genau von der anderen Seite an die Sache herangehen.«

»Hör zu, David. Robert läßt sich manchmal zu sehr von seiner Begeisterung mitreißen. Aber du mußt doch zugeben, daß er in der Sache gar nicht so unrecht hat. Wenn Laurie weiter solchen Unsinn schreibt, dann hat die *Welle* keine Chance mehr. Sag ihr einfach, sie soll es bleibenlassen. Auf dich wird sie hören!«

»Ich weiß nicht, Brian.«

»Hör zu, wir warten nach der Schule auf sie, und dann redest du mit ihr. Okay?«

David nickte widerstrebend. »Na gut, meinetwegen.«

/15/

An diesem Nachmittag hatte Christy Ross es eilig, nach der Chorprobe nach Hause zu kommen. Ben war irgendwann im Laufe des Tages aus der Schule verschwunden, und sie hatte das Gefühl, sie wüßte den Grund dafür. Als sie heimkam, fand sie ihren Mann mit einem Buch über die Hitler-Jugend beschäftigt. »Was ist dir denn heute passiert?« fragte sie.
Ohne von seinem Buch aufzublicken, antwortete Ben gereizt: »Ich bin früher gegangen, weil ich mich nicht wohl gefühlt habe. Aber jetzt brauche ich Ruhe, Chris. Ich muß mich für morgen vorbereiten.«
»Aber ich muß mit dir reden«, widersprach Christy.
»Kann das nicht warten?« fuhr Ben sie an. »Ich habe bis morgen noch viel zu tun.«
»Nein«, beharrte Christy. »Darüber muß ich ja gerade mit dir reden. Über diese *Welle.* Hast du denn gar keine Vorstellung, was in der Schule vor sich geht? Abgesehen davon, daß die Hälfte meiner Schüler den Unterricht geschwänzt hat, um in deiner Stunde zu sein, ist dir offenbar nicht klar, daß deine ureigenste Erfindung – diese *Welle* – die ganze Schule entzweit, mindestens drei Lehrer haben mich heute angesprochen und gefragt, was du eigentlich vorhättest. Und sie beschweren sich auch beim Direktor.«

»Ich weiß, ich weiß. Und das liegt nur daran, daß sie eben keine Ahnung haben, was ich beweisen will«, antwortete Ben.
»Meinst du das ernst?« fragte seine Frau. »Ist dir nicht klar, daß Mitglieder des Schulrats angefangen haben, Schüler deines Geschichtskurses zu befragen? Bist du denn sicher, daß du noch weißt, was du tust? Das glaubt nämlich in der ganzen Schule kaum noch jemand.«
»Meinst du, ich wüßte das nicht?« erwiderte Ben. »Ich weiß, was sie über mich erzählen: daß ich verrückt und machtbesessen bin.«
»Und? Könnten sie nicht vielleicht recht haben?« fragte Christy. »Ich meine, denk doch einmal an deine ursprünglichen Ziele. Sind das noch dieselben, die du heute hast?«
Ben fuhr sich mit der Hand durchs Haar. Er hatte wahrhaftig schon genug Probleme mit der *Welle.* »Ich dachte, du stündest auf meiner Seite, Christy.« Aber insgeheim wußte er, daß sie recht hatte.
»Ich stehe auf deiner Seite, Ben«, versicherte seine Frau. »Aber in diesen letzten Tagen hatte ich manchmal das Gefühl, dich gar nicht mehr zu kennen: Du hast dich so sehr in deine Rolle in der Schule hineingelebt, daß du sie auch zu Hause nicht mehr ablegst. Ich habe schon früher erlebt, daß du dich leicht von einer Sache mitreißen läßt. Aber in diesem Fall mußt du das abstellen!«
»Ich weiß. Für dich muß es aussehen, als wäre ich zu weit gegangen. Aber ich kann jetzt nicht aufhören. Noch nicht.«
»Wann denn sonst?« fragte Christy verärgert. »Erst wenn einige dieser Kinder etwas angestellt haben, was dann alle bedauern werden?«
»Meinst du, das wäre mir nicht klar? Glaubst du, das bereitet mir keine Sorgen? Aber ich habe dieses Experi-

ment angefangen, und sie haben mitgemacht. Und wenn ich jetzt plötzlich damit aufhöre, dann hängen sie alle in der Luft. Sie wären verwirrt, und sie hätten nichts dabei gelernt.«

»Dann sollen sie doch verwirrt sein!«

Plötzlich sprang Ben auf und rief zornig: »Nein, das tue ich nicht, und das kann ich nicht tun. Ich bin ihr Lehrer. Ich bin dafür verantwortlich, daß sie in diese Sache hineingeraten sind. Sicher ist mir dieser Versuch etwas außer Kontrolle geraten, aber sie sind jetzt zu weit, als daß man einfach alles abblasen könnte. Ich muß sie so weit treiben, daß sie von selbst begreifen. Vielleicht lernen sie so die wichtigste Lektion ihres Lebens.«

Christy war nicht beeindruckt. »Ich hoffe nur, daß Direktor Owens damit einverstanden ist, Ben. Er kam heute zu mir, als ich gerade gehen wollte, und sagte, er hätte den ganzen Tag nach dir gesucht. Er möchte dich gleich morgen früh sprechen.«

Die Redaktion der Schülerzeitung blieb nach Schulschluß noch lange beisammen, um ihren Sieg zu feiern. Die Sonderausgabe über die *Welle* war so erfolgreich, daß es fast unmöglich war, noch irgendwo ein Exemplar aufzutreiben. Aber nicht nur das, sondern Lehrer und Mitglieder der Verwaltung und sogar manche Schüler hatten sich den ganzen Tag über bei ihnen bedankt, daß sie auch einmal »die andere Seite der *Welle*« dargestellt hätten. Schon hörte man hier und da, manche Schüler zögen sich von der *Welle* zurück.

Der Redaktion war klar, daß eine einzige Ausgabe der Zeitung nicht ausreichen konnte, um eine Bewegung aufzuhalten, die in der vergangenen Woche einen solchen Schwung gewonnen hatte. Aber wenigstens hatten sie der *Welle* einen ernsthaften Schlag versetzt. Carl

sagte, seiner Meinung nach würde es keine Drohungen mehr gegen Nichtmitglieder geben, und man würde auch niemanden mehr zusammenschlagen.
Wie gewöhnlich, verließ Laurie die Redaktion als letzte. Es war seltsam: Die Mitglieder der Redaktion waren ein Gewinn für jede Party. Aber wenn es ans Aufräumen ging, dann verschwanden sie alle. Diese Tatsache hatte Laurie schon zu Beginn des Schuljahres als einen heftigen Schock erlebt, als ihr klar wurde, daß das Amt der Chefredakteurin hauptsächlich darin bestand, jede Art von unangenehmer Arbeit zu erledigen, von der die anderen nichts wissen wollten. Heute bedeutete es, daß sie aufräumen mußte, nachdem die anderen schon heimgegangen waren.
Als sie endlich fertig war, bemerkte Laurie, daß es draußen schon dunkel war. Sie mußte in dem riesigen Schulgebäude praktisch allein sein. Als sie die Tür zum Redaktionsbüro schloß und das Licht ausschaltete, stellte sich die Nervosität wieder ein, die sie schon die ganze Woche über empfunden hatte. Die *Welle* litt sicher unter den Wunden, die ihr die Schülerzeitung beigebracht hatte, aber sie war an der Gordon High School noch stark genug, und Laurie war sich darüber im klaren, daß sie als Chefredakteurin der Zeitung . . . Nein, nein, sagte sie sich. Das war doch Wahnsinn! So ernst durfte man die *Welle* einfach nicht nehmen. Sie war ein Unterrichtsexperiment, das ein wenig außer Kontrolle geraten war. Aber es gab keinen Grund zur Furcht.
Die Flure waren jetzt dunkel, als Laurie zu ihrem Schrank ging, um ein Buch hineinzulegen, das sie heute abend nicht brauchte. Die Stille in der leeren Schule war irgendwie unheimlich. Zum erstenmal hörte sie Geräusche, die ihr nie zuvor aufgefallen waren: das Summen und leise Dröhnen des elektrischen Stroms der Alarm-

anlagen und Rauchdetektoren. Ein blubberndes, schmatzendes Geräusch kam aus dem Chemieraum. Wahrscheinlich kochte dort ein noch nicht abgeschlossenes Experiment vor sich hin. Selbst das ungewohnte Echo ihrer eigenen Schritte auf dem harten Fußboden klang unheimlich.

Ein paar Schritte vor ihrem Schrank erstarrte Laurie. An die Tür hatte jemand in roter Farbe das Wort »Feindin« geschrieben. Plötzlich war ihr Herzschlag das lauteste Geräusch weit und breit. Beruhige dich, sagte sie sich selbst, jemand will dir einfach Angst einjagen. Sie versuchte sich zusammenzunehmen und fingerte an ihrem Schrankschloß herum. Aber dann hielt sie inne. Hatte sie da nicht etwas gehört? Schritte? Laurie zog sich langsam von ihrem Schrank zurück und verlor allmählich den Kampf gegen ihre wachsende Furcht. Sie wandte sich um und ging auf den Ausgang zu. Das Schrittgeräusch schien immer lauter zu werden. Laurie ging schneller. Die Schritte wurden noch lauter. Plötzlich verlosch das Licht am Ende des Ganges. Laurie fuhr entsetzt herum und starrte ins Dunkel. »Ist da jemand?« Wartete dort jemand auf sie? Dann wußte Laurie nur noch, daß sie zum Notausgang am Ende des Ganges lief. Es schien eine Ewigkeit zu dauern, bis sie endlich dort war, und als sie endlich die metallene Doppeltür erreichte, mußte sie feststellen, daß die Tür verschlossen war.

Voller Panik warf Laurie sich gegen die nächste Tür. Die öffnete sich seltsamerweise, und Laurie stürzte hinaus in die kühle Abendluft und lief und lief.

Endlich geriet sie außer Atem und mußte langsamer gehen. Ihr war, als wäre sie schon sehr lange gelaufen. Sie preßte ihre Bücher an sich und atmete schwer. Jetzt fühlte sie sich sicherer.

David saß wartend auf dem Beifahrersitz in Brians Wagen. Sie parkten in der Nähe der Tennisplätze, die auch während der Nacht in Betrieb waren, denn David wußte, daß Laurie immer diesen Weg wählte, wenn sie nach Anbruch der Dunkelheit nach Hause ging. Die hellen Lichter von den Tennisplätzen gaben ihr ein Gefühl der Sicherheit.
Seit fast einer Stunde saßen sie jetzt im Auto. Brian saß auf dem Fahrersitz und hielt im Rückspiegel nach Laurie Ausschau. Dabei pfiff er eine Melodie, die David nicht erkannte, weil Brian falsch pfiff. David sah den Tennisspielern zu und lauschte auf das monotone Geräusch der hin und her geschlagenen Bälle.
»Brian, darf ich dich etwas fragen?« sagte er nach langem Schweigen.
»Was denn?«
»Was pfeifst du da eigentlich?«
Brian schien überrascht zu sein. »Take me out to the ball game«, sagte er. Dann pfiff er noch ein paar Takte, das Lied blieb völlig unkenntlich. »Erkennst du es jetzt?«
David nickte. »Ja, sicher, Brian, sicher.« Er sah wieder den Tennisspielern zu. Einen Augenblick später richtete Brian sich auf. David wandte sich um und schaute die Straße hinunter. Laurie kam auf dem Fußweg sehr schnell näher. Er griff zur Tür. »Gut, und jetzt laß mich die Sache allein erledigen«, sagte er.
»Solange sie vernünftig ist«, antwortete Brian. »Aber wir spielen jetzt nicht mehr.«
»Sicher, Brian«, erwiderte David und stieg aus dem Wagen. Jetzt klang Brian schon ebenso wie Robert.
Er mußte schnell laufen, um Laurie einzuholen, und er war sich die ganze Zeit nicht im klaren darüber, wie er die Sache anpacken sollte. Er wußte nur, daß er es besser machen konnte als Brian. Er holte sie ein, aber Laurie

blieb nicht stehen, und er mußte schnell gehen, um mit ihr Schritt zu halten.
»Laurie, kannst du nicht ein bißchen warten?« fragte er. »Ich muß mit dir reden. Es ist wirklich wichtig!«
Laurie ging langsamer und sah an ihm vorbei.
»Schon in Ordnung, es kommt niemand«, versicherte David.
Sie blieb stehen, und David bemerkte, daß sie schwer atmete und ihre Bücher krampfhaft festhielt.
»Weißt du, David«, sagte sie, »ich bin gar nicht mehr daran gewöhnt, dich allein zu sehen. Wo sind denn deine Truppen?«
David wußte, daß er ihre feindseligen Bemerkungen überhören und versuchen mußte, vernünftig mit ihr zu reden. »Hör zu, Laurie, willst du mir nicht einfach einmal eine Minute zuhören?«
Aber daran schien Laurie nicht interessiert zu sein. »David, wir haben uns kürzlich alles gesagt, was wir einander zu sagen hatten. Ich möchte das alles nicht noch einmal durchkauen. Laß mich bitte in Ruhe!«
Gegen seinen Willen spürte David Ärger in sich aufsteigen. Nicht einmal anhören wollte sie ihn! »Laurie, du mußt aufhören, gegen die *Welle* zu schreiben. Du rufst damit nur alle möglichen Probleme hervor.«
»Die Probleme schafft die *Welle,* David!«
»Nein, das stimmt nicht!« behauptete David. »Schau mal, Laurie, wir möchten dich gern auf unserer Seite haben, nicht gegen uns.«
Laurie schüttelte den Kopf. »Auf mich kannst du nicht rechnen. Ich habe dir gesagt, daß ich ausscheide. Das ist kein Spiel mehr. Es ist jemand zusammengeschlagen worden.«
Sie ging weiter, aber David blieb neben ihr. »Das war ein unglücklicher Zufall«, erklärte er ihr. »Ein paar Bur-

schen haben einfach die *Welle* als Vorwand dafür benutzt, diesen armen Kerl zusammenzuschlagen. Siehst du das nicht ein? Die *Welle* ist wirklich gut für alle. Warum begreifst du das denn nicht? Es könnte ein ganz neues System daraus entstehen, und wir werden es in Gang bringen.«

»Aber nicht mit mir!«

David wußte, daß sie ihm davonlaufen würde, wenn er sie nicht festhielt. Es war einfach unfair, daß ein einziger Mensch eine Sache für alle anderen verderben konnte. Er mußte sie überzeugen. Er mußte! Und dann packte er ihren Arm.

»Laß mich los!« Laurie wollte sich von ihm befreien, doch David hielt sie fest.

»Laurie, du mußt damit aufhören!« sagte er.

»David, laß meinen Arm los!«

»Schreib diese Artikel nicht mehr! Verdirb den anderen die *Welle* nicht!«

Aber Laurie leistete weiter Widerstand. »Ich werde schreiben und sagen, was ich will, und du kannst mich daran nicht hindern.«

Von seinem Zorn überwältigt, packte David auch ihren anderen Arm. Warum mußte sie nur so störrisch sein? Warum erkannte sie nicht, wie gut diese *Welle* sein konnte? »Wir können dich daran hindern, und das werden wir auch tun!«

Aber Laurie gab sich nur größere Mühe, sich aus seinem Griff zu befreien. »Ich hasse dich!« schrie sie. »Ich hasse die *Welle*! Ich hasse euch alle!«

Die Worte trafen David wie ein Schlag ins Gesicht. Unbeherrscht schrie er sie an: »Halt's Maul!« und warf sie zu Boden. Ihre Bücher waren um sie verstreut.

Erschrocken erkannte David, was er getan hatte. Und er war voller Furcht, als er niederkniete und die Arme um sie legte. »Laurie, ist alles in Ordnung?«

Laurie nickte nur, denn ein unterdrücktes Schluchzen schnürte ihr die Kehle zu.
David hielt sie fest umklammert. »Mein Gott, wie mir das leid tut!« sagte er leise. Er spürte ihr Zittern und fragte sich, wie er etwas so Dummes hatte tun können. Warum hatte er diesem Mädchen weh getan, dem einzigen, das er immer noch liebte? Laurie richtete sich langsam auf und rang schluchzend nach Atem. David konnte es nicht glauben. Es war fast so, als erwachte er aus einem Traum. Was hatte ihn denn in den letzten Tagen dazu bringen können, sich so dumm zu verhalten? Noch vor wenigen Minuten hatte er bestritten, daß die *Welle* irgendeinem Menschen Schmerz bereiten könne, und gleichzeitig hatte er Laurie weh getan, seiner einzigen Freundin, und das ausgerechnet im Namen der *Welle*!
Es war verrückt - aber David wußte plötzlich, daß er sich geirrt hatte. Alles, was ihn dazu bringen konnte, sich so zu verhalten, war schlecht. Es mußte schlecht sein!
Inzwischen fuhr Brians Wagen langsam die Straße hinunter und verschwand in der Dunkelheit.

Später im Laufe des Abends betrat Christy Ross das Arbeitszimmer, in dem ihr Mann saß. »Ben«, sagte sie entschlossen, »es tut mir leid, wenn ich störe, aber ich habe nachgedacht, und ich habe dir etwas Wichtiges zu sagen.«
Ben lehnte sich in seinem Stuhl zurück und sah seine Frau unsicher an.
»Ben, du mußt diese *Welle* morgen enden lassen«, sagte sie. »Ich weiß, wieviel sie dir bedeutet und welchen Wert du ihr für die Schüler beimißt, aber das muß aufhören!«
»Wie kannst du das sagen?« fragte Ben.

»Weil Direktor Owens der Sache ein Ende bereiten wird, wenn du es nicht tust, Ben«, erklärte sie. »Und wenn er eingreifen muß, dann wird dein Experiment auf jeden Fall zu einem Fehlschlag. Ich habe den ganzen Abend über das nachgedacht, was du bewirken willst, und ich glaube, ich fange an zu begreifen. Aber hast du jemals daran gedacht, als du damit angefangen hast, was sich ereignen könnte, wenn dein Experiment nicht funktioniert? Ist es dir jemals in den Sinn gekommen, daß du deinen Ruf als Lehrer aufs Spiel setzt? Wenn das schiefgeht, glaubst du, daß die Eltern ihre Kinder dann noch einmal in deine Klasse lassen?«

»Übertreibst du jetzt nicht?«

»Nein«, versicherte Christy. »Ist es dir nie eingefallen, daß du nicht nur dich in Gefahr bringst, sondern auch mich? Manche glauben doch, daß ich auch in diese *Wellen*-Idiotie verwickelt sein muß, bloß weil ich deine Frau bin. Kommt dir das fair vor, Ben? Es tut mir leid, daß du nach zwei Jahren Arbeit an der Gordon High School in Gefahr bist, deinen Job zu verlieren. Du wirst morgen mit alledem aufhören, Ben! Du gehst morgen früh zum Direktor und sagst ihm, daß alles vorbei ist.«

»Christy, wie kannst du mir sagen, was ich tun muß?« fragte Ben. »Wie kann ich denn an einem beliebigen Tag einfach aufhören und trotzdem den Schülern Gerechtigkeit widerfahren lassen?«

»Du mußt dir eben etwas ausdenken«, beharrte Christy. »Du mußt einfach!«

Ben rieb sich die Stirn und dachte an das Treffen mit Direktor Owens am nächsten Morgen. Owens war ein guter Mann und für neue Methoden und Ideen durchaus offen. Aber jetzt wurde ein erheblicher Druck auf ihn ausgeübt. Einerseits wandten sich Eltern und Lehrer gegen die *Welle,* und wenn dieser Druck noch weiter wuchs, dann mußte der Direktor einschreiten und das Experiment verbieten. Auf der anderen Seite stand nur Ben Ross, der ihn bitten konnte, sich nicht einzumischen, und der versuchen konnte, ihm zu erklären, daß es eine Katastrophe für die Schüler wäre, wenn das Experiment einfach nur abgebrochen würde. Die *Welle* ohne Erklärung zu beenden, das wäre so, als wollte man nur die erste Hälfte eines Romans lesen und die Lektüre nicht beenden. Aber Christy hatte recht. Ben wußte, daß ein Ende unvermeidlich war. Wichtig war nicht, wann es aufhörte, sondern wie. Die Schüler mußten das Experiment selbst abbrechen und den Grund dafür verstehen. Sonst war alles unnütz vertan, was man in dieses Experiment eingebracht hatte.

»Christy«, sagte Ben, »ich weiß, daß es aufhören muß, aber ich weiß noch nicht wie.«

Seine Frau seufzte müde. »Willst du das etwa morgen dem Direktor erzählen? Ben, du bist doch der Führer der *Welle.* Du bist doch der, dem sie blindlings folgen!«

Ben mochte ihren Spott nicht und auch nicht die Stimme seiner Frau bei diesen Worten. Aber er wußte, daß sie recht hatte.

Die Schüler der *Welle* hatten ihn weit mehr zu ihrem Führer gemacht, als er es selber sein wollte. Aber er hatte sich dagegen auch nicht gewehrt. Er mußte sogar zugeben, daß er die Augenblicke der Macht genossen hatte, ehe alles aus den Fugen zu geraten begann: ein ganzer Raum voller Schüler, die allen seinen Befehlen sofort und widerspruchslos gehorchten, das Symbol der *Welle,* das er geschaffen hatte, über die ganze Schule verteilt; sogar einen Leibwächter hatte er.

Er hatte gelesen, Macht könne verführen. Jetzt hatte er es selbst erfahren. Ben fuhr sich mit der Hand durch das Haar. Nicht nur die Mitglieder der *Welle* mußten durch dieses Experiment etwas über die Macht erfahren. Ihr Lehrer lernte ebenfalls daraus.

»Ben?« fragte Christy.

»Ja, ja, ich weiß. Ich denke nach«, antwortete er. Wenn er nun irgend etwas Abruptes und Endgültiges tat – würden sie ihm dann noch immer folgen? Und plötzlich war Ben klar, was er tun mußte. »Gut, Christy, ich habe eine Idee!«

Sie sah ihn skeptisch an. »Eine, die auch bestimmt funktionieren wird?«

Ben schüttelte den Kopf. »Nein, aber ich hoffe es«, sagte er.

Christy nickte und schaute auf die Uhr. Es war spät, und sie war müde. Sie beugte sich zu ihrem Mann und küßte ihn. Seine Stirn war schweißfeucht. »Kommst du zu Bett?«

»Bald.«

Nachdem Christy ins Schlafzimmer gegangen war, beschäftigte Ben sich mit seinem Plan, der in seinen Gedanken immer deutlichere Form annahm. Der Plan schien sicher zu sein. Ben stand auf und wollte ins Schlafzimmer gehen. Gerade fing er an, die Lampen zu löschen, als es an der Tür läutete. Ben rieb sich vor Müdigkeit die Augen und ging zur Tür. »Wer ist da?«

»David Collins und Laurie Saunders, Mr. Ross!«

Überrascht öffnete Ben. »Was macht ihr denn hier? Es ist spät.«

»Mr. Ross, wir müssen mit Ihnen sprechen«, sagte David. »Es ist wirklich wichtig.«

»Dann kommt herein und setzt euch!« antwortete Ben.

Als David und Laurie das Wohnzimmer betraten, sah Ben, daß beide ganz durcheinander zu sein schienen. Hatte sich etwas noch Schlimmeres durch die *Welle* ereignet? Die beiden Schüler setzten sich auf die Couch, und David beugte sich ein wenig vor.

»Mr. Ross, Sie müssen uns helfen«, sagte er mit einer Stimme voller Eifer.
»Was ist denn?« fragte Ben. »Was gibt es Schlechtes?«
»Es geht um die *Welle*«, antwortete David.
»Mr. Ross«, warf Laurie ein, »wir wissen, wie wichtig Ihnen das alles ist, aber es geht zu weit.«
Ehe Ross antworten konnte, fügte David hinzu: »Die *Welle* hat sich verselbständigt. Man kann nichts mehr gegen sie sagen. Man fürchtet sich vor ihr.«
»Die Schüler haben Angst!« erklärte ihm Laurie. »Sie haben wirklich Angst. Sie sprechen nicht mehr gegen die *Welle,* weil sie sich vor dem fürchten, was ihnen dann zustoßen könnte.«
Ben nickte. Gewissermaßen minderte das, was diese beiden Schüler ihm sagten, seine Sorgen über die *Welle.* Wenn er so handelte, wie Christy ihm geraten hatte, und an die anfänglichen Ziele des Experiments zurückdachte, dann bestätigte das, was David und Laurie ausgesprochen hatten, daß die *Welle* ein voller Erfolg geworden war. Schließlich war sie ursprünglich dazu ausersehen gewesen, den Schülern zu zeigen, wie das Leben in Nazi-Deutschland ausgesehen haben mochte. Und wenn daraus ein Bewußtsein für Angst und Gewalt entstanden war, dann war das ein überwältigender Erfolg. Ein fast zu großer Erfolg.
»Man kann sich nicht einmal unterhalten, ohne zu fürchten, daß man belauscht wird«, erklärte Laurie.
Ben konnte nur abermals nicken. Er erinnerte sich an die Schüler in seinem eigenen Geschichtskurs, die hart über die Juden geurteilt hatten, weil die alle Drohungen der Nazis nicht ernstgenommen hätten, weil sie nicht aus ihren Häusern und Gettos geflohen waren, als die ersten Gerüchte über Konzentrationslager und Gaskammern sich ausbreiteten. Eigentlich war das ja selbstverständ-

lich, dachte Ross. Wie konnte denn irgendein vernünftiger Mensch an solcherlei Dinge glauben? Und wer hätte gedacht, daß wohlerzogene und freundliche Schüler einer High School zu einer faschistischen Gruppe mit dem Namen »Die Welle« werden könnten? War es eine Schwäche des Menschen, daß er die düsteren Seiten der Menschen nicht wahrhaben wollte?

David riß ihn aus seinen Gedanken. »Heute habe ich Laurie wegen der *Welle* beinahe verletzt«, sagte er. »Ich weiß nicht, was über mich gekommen ist, aber ich weiß, daß es genau das ist, was auch über alle anderen gekommen ist, die zur *Welle* gehören.«

»Sie müssen damit aufhören!« drängte Laurie.

»Ich weiß«, antwortete Ben. »Und ich tue es auch.«

»Aber wie wollen Sie das anstellen, Mr. Ross?« fragte David.

Ben wußte, daß er den beiden seinen Plan nicht offenbaren durfte. Es war wichtig, daß die Mitglieder der *Welle* für sich selbst entschieden, damit das Experiment zu einem vollen Erfolg wurde. Ben konnte sie nur mit Ergebnissen überzeugen. Wenn Laurie und David morgen in der Schule erzählten, Mr. Ross wolle die *Welle* auflösen, dann würden die Schüler sich verraten fühlen. Vielleicht hörten sie dann auf, ohne den Grund dafür wirklich einzusehen. Oder, schlimmer noch: Vielleicht versuchten sie dann, gegen ihn anzukämpfen und die *Welle* über ihren ursprünglichen Zweck hinaus am Leben zu erhalten.

»David und Laurie«, sagte er, »ihr habt selbst entdeckt, daß die anderen Mitglieder noch nichts gelernt haben. Ich verspreche euch, daß ich morgen versuchen werde, den anderen zu dieser Erkenntnis zu verhelfen. Aber ich muß es selbst und auf meine Art tun, und ich kann euch nur bitten, mir zu vertrauen. Könnt ihr das?«

David und Laurie nickten unsicher, als Ben aufstand

und sie zur Tür begleitete. »Es ist eigentlich viel zu spät für euch«, sagte er. Doch als sie gerade durch die Tür getreten waren, kam ihm noch ein Gedanke. »Hört mal, wißt ihr vielleicht zwei Schüler, die nie mit der *Welle* zu tun gehabt haben? Zwei Schüler, die den Mitgliedern der *Welle* nicht zu bekannt sind und die man nicht vermissen wird, wenn sie nicht zur Versammlung kommen?«

David dachte einen Augenblick nach. So seltsam das auch sein mochte, fast jeder, den er in der Schule kannte, war Mitglied der *Welle* geworden. Aber Laurie fielen zwei Schüler ein: »Alex Cooper und Carl Block aus der Redaktion!«

»Gut«, sagte Ben. »Und nun erwarte ich von euch, daß ihr morgen in den Unterricht geht, als wäre nichts geschehen. Sagt keinem, daß ihr heute abend mit mir gesprochen habt. Abgemacht?«

David nickte, doch Laurie sah besorgt aus. »Ich weiß nicht, Mr. Ross.«

Aber Ben unterbrach sie. »Laurie, es ist sehr wichtig, daß wir es so halten. Ihr müßt mir vertrauen. Okay?«

Zögernd stimmte Laurie zu. Ben verabschiedete sie noch einmal, und die beiden traten in die Dunkelheit hinaus.

/16/

Am nächsten Morgen mußte Ben sich im Büro des Direktors mit dem Taschentuch den Schweiß von der Stirn tupfen. Hinter dem Tisch saß Direktor Owens, der gerade mit der Faust auf die Platte geschlagen hatte. »Verdammt noch mal, Ben! Ihr Experiment kümmert mich überhaupt nicht. Ich höre nur, daß die Lehrer sich beschweren, ich werde alle fünf Minuten von Eltern angerufen, die wissen wollen, was hier eigentlich los ist, was wir mit ihren Kindern anstellen. Meinen Sie vielleicht, ich kann denen sagen, daß es sich um ein Experiment handelt? Mein Gott, Mann! Sie wissen doch, daß vergangene Woche ein Junge zusammengeschlagen worden ist. Gestern war sein Rabbi hier. Der Mann hat zwei Jahre in Auschwitz zugebracht. Glauben Sie vielleicht, daß er sich auch nur einen Deut um Ihr Experiment schert?«

Ben richtete sich auf. »Mr. Owens, ich verstehe, daß Sie unter Druck stehen. Ich weiß, daß die *Welle* zu weit gegangen ist. Ich . . .«, Ben atmete tief, »ich begreife auch, daß ich einen Fehler gemacht habe. Ein Geschichtskurs ist kein wissenschaftliches Labor. Man darf nicht mit Menschen experimentieren. Besonders nicht mit Schülern, die gar nicht wissen, daß sie Bestandteil eines Experiments sind. Aber vergessen wir doch einmal für ei-

nen Augenblick, daß ich einen Fehler begangen habe und daß dieser Fehler Konsequenzen nach sich geführt hat. Sehen wir doch wenigstens jetzt und hier den Tatsachen ins Gesicht: Im Augenblick haben wir hier zweihundert Schüler, denen die *Welle* etwas Großartiges bedeutet. Sie hören auf mich. Ich brauche nur noch diesen einen Tag, und ich kann ihnen eine Lektion erteilen, die sie niemals vergessen werden.«
Direktor Owens sah ihn skeptisch an. »Und was soll ich Eltern und Lehrern inzwischen sagen?«
Ben fuhr sich wieder mit dem Taschentuch über die Stirn. Er wußte, daß er sich wie ein Spieler verhielt. Aber welche Wahl blieb ihm denn? Er hatte die Schüler in diese Sache hineingezogen, und er mußte ihnen jetzt heraushelfen. »Sagen Sie ihnen, daß heute abend alles vorbei sein wird.«
Direktor Owens hob eine Augenbraue. »Und wie wollen sie das tun?«
Ben brauchte nicht lange, um seinen Plan zu erklären. Jenseits des Schreibtisches klopfte Direktor Owens seine Pfeife aus und dachte darüber nach. Ein langes und unbehagliches Schweigen folgte. Endlich sagte der Direktor: »Ben, ich will ganz offen zu Ihnen sein. Ihre Geschichte mit der *Welle* hat das Prestige unserer Schule nicht gerade verbessert, und das ist mir unangenehm. Ich gebe Ihnen noch den heutigen Tag, aber ich warne Sie: Wenn das, was Sie vorhaben, nicht funktioniert, werde ich Sie bitten müssen, Ihren Rücktritt zu erklären.«
Ben nickte. »Das verstehe ich«, sagte er.
Direktor Owens stand auf und reichte ihm die Hand. »Ich hoffe, daß es nicht dazu kommt. Sie sind ein ausgezeichneter Lehrer, den wir sehr ungern verlieren würden.«

Draußen auf dem Flur blieb Ben keine Zeit, sich mit dem aufzuhalten, was Direktor Owens gerade gesagt hatte. Er mußte sofort Alex Cooper und Carl Block finden, und er mußte schnell handeln.

Im Geschichtsunterricht dieses Tages wartete Ben, bis die Schüler neben ihren Plätzen standen, dann sagte er: »Ich habe euch eine besondere Mitteilung zur *Welle* zu machen. Heute um fünf Uhr findet eine Versammlung in der Aula statt. Nur Mitglieder der *Welle* sind zugelassen.«

David lächelte und zwinkerte Laurie zu.

»Der Grund für diese Versammlung ist folgender«, fuhr Mr. Ross fort. »Die *Welle* ist nicht nur ein Unterrichtsexperiment. Sie ist viel mehr. Ohne daß ihr es wußtet, haben in der vergangenen Woche Lehrer wie ich im ganzen Land eine Jugendbrigade rekrutiert und herangebildet, um dem Rest unseres Volkes zu zeigen, wie man eine bessere Gesellschaft begründen kann. Wie ihr wißt, hat dieses Land ein Jahrzehnt mit ständig wachsenden Inflationsraten hinter sich, die Wirtschaft ist schwächer geworden, die Arbeitslosigkeit ist chronisch, und die Verbrechen häufen sich. Nie zuvor war es um die Moral der Vereinigten Staaten so schlecht bestellt. Wenn dieser Trend nicht aufgehalten wird, dann wird nach der Meinung einer wachsenden Zahl von Menschen, zu denen auch die Begründer der *Welle* gehören, unser Land zum Untergang verurteilt sein.«

David lächelte nicht mehr. Das hatte er nicht erwartet. Mr. Ross schien die *Welle* nicht auflösen, sondern ihre Arbeit noch verstärken zu wollen.

»Wir müssen beweisen, daß durch Disziplin, Gemeinschaft und Handeln dieses Land verändert werden kann«, erklärte Ross der Klasse. »Bedenkt nur einmal,

was wir allein in den letzten Tagen an dieser Schule vollbracht haben. Wenn wir die Dinge hier bei uns verändern können, dann können wir es auch überall.«
Laurie warf David einen ängstlichen Blick zu. Mr. Ross sprach weiter. »In Fabriken und Krankenhäusern, in Universitäten und allen Institutionen . . .«
David sprang auf, um zu protestieren. »Mr. Ross, Mr. Ross!«
»Setz dich, David!«
»Aber, Mr. Ross, Sie haben doch gesagt . . .«
Ross unterbrach ihn hastig. »Ich habe gesagt, du sollst dich setzen, David. Unterbrich mich nicht!«
David setzte sich und konnte nicht glauben, was er hörte, als der Lehrer fortfuhr: »Und jetzt hört genau zu. Während der Versammlung wird der Begründer und Führer der *Welle* im Kabelfernsehen erscheinen und die Gründung einer nationalen Jugendbewegung mit dem Namen ›Die Welle‹ verkünden.«
Überall begannen Schüler zu jubeln. Das war zuviel für Laurie und David. Beide sprangen auf und wandten sich diesmal der Klasse zu.
»Wartet! Wartet doch ab!« bat David. »Hört nicht auf ihn! Er lügt!«
»Merkt ihr denn gar nicht, was ihr tut?« rief Laurie leidenschaftlich. »Könnt ihr denn gar nicht mehr selber denken?«
Alle starrten sie an, und es wurde still.
Ross wußte, daß er schnell handeln mußte, ehe Laurie und David zuviel verrieten. Ihm wurde klar, daß er einen Fehler gemacht hatte. Er hatte Laurie und David gebeten, ihm zu vertrauen, und er hatte keinen Ungehorsam erwartet. Aber im Augenblick war er ganz sicher, daß sie reden würden. Er sagte scharf: »Robert, ich möchte, daß du die Klasse übernimmst, bis ich zurück bin. Ich werde David und Laurie zum Direktor bringen.«

»Jawohl, Mr. Ross.«
Der Lehrer ging zur Tür und öffnete sie für Laurie und David. Draußen gingen beide vor ihm her langsam auf das Direktionsbüro zu. Hinter sich hörten sie lautes und rhythmisches Rufen: »Macht durch Disziplin! Macht durch Gemeinschaft! Macht durch Handeln!«
»Mr. Ross, Sie haben uns gestern abend belogen«, sagte David verbittert.
»Nein, das habe ich nicht, David. Aber ich habe gesagt, daß ihr mir vertrauen müßtet.«
»Und warum sollten wir das?« fragte Laurie. »Sie haben doch die *Welle* angefangen!«
Das war unbestreitbar. Ben wußte nicht, warum sie ihm vertrauen sollten. Er wußte nur, daß es notwendig war. Und er hoffte, daß sie ihn am Abend verstehen würden.

Den größten Teil des Nachmittags verbrachten sie damit, vor dem Zimmer von Direktor Owens zu warten. Sie waren niedergeschlagen und sicher, daß Mr. Ross sie durch einen Trick dazu gebracht hatte, mit ihm zusammenzuarbeiten, damit sie nicht verhindern konnten, was jetzt geschehen sollte, damit sie in den letzten Stunden vor dem Übergang der *Welle* in eine nationale Jugendbewegung ausgeschaltet waren.
Selbst Direktor Owens schien nicht bereit zu sein, sie anzuhören, als sie endlich vorgelassen wurden. Auf seinem Schreibtisch lag ein kurzer Bericht von Mr. Ross, und obwohl sie nicht sehen konnten, was da geschrieben stand, war ihnen klar, daß Ross darin behauptete, David und Laurie hätten den Unterricht gestört. Beide drängten sie den Direktor, die *Welle* und die Versammlung um fünf Uhr zu verbieten, doch Direktor Owens antwortete darauf nur, es werde alles in Ordnung kommen.

Endlich schickte er sie in ihre Klassen zurück. David und Laurie konnten es nicht glauben. Sie versuchten hier, das Schlimmste zu verhindern, das sich in dieser Schule jemals zugetragen hatte, und der Direktor schien einfach nicht sehen und hören zu wollen.

In der Halle schloß David seine Bücher in den Schrank und schmetterte die Tür zu. »Vergiß es!« sagte er. »Ich halte mich hier heute nicht mehr auf. Ich gehe nach Hause!«

»Warte, bis ich meine Bücher weggeräumt habe. Ich komme mit.«

Ein paar Minuten später, als sie die Schule verlassen hatten, spürte Laurie Davids Niedergeschlagenheit. »Ich kann gar nicht fassen, wie dumm ich war«, sagte er immer wieder. »Ich kann es einfach nicht glauben, daß ich auf so etwas reinfallen konnte.«

Laurie drückte seine Hand. »Du warst nicht dumm, David, du warst ein Idealist. Ich meine, es gab ja auch Gutes an der *Welle*. Es konnte gar nicht alles schlecht sein, sonst hätte sich niemand angeschlossen. Schlimm ist nur, daß kaum jemand das Schlechte daran erkennt. Sie glauben, daß durch die *Welle* alle gleich werden, aber sie begreifen nicht, daß dadurch jeder das Recht verliert, unabhängig zu sein.«

»Laurie, ist es nicht vielleicht doch möglich, daß unsere Meinung über die *Welle* falsch ist?«

»Nein, David, wir haben recht!« antwortete sie entschieden.

»Aber warum erkennt das dann sonst niemand?« fragte er.

»Das weiß ich nicht. Ich glaube, sie sind alle wie in Trance. Sie hören einfach nicht mehr zu.«

David nickte hoffnungslos.

Es war noch früh, und sie beschlossen, in einen nahe gelegenen Park zu gehen. Keiner wollte schon heim. David war nicht mehr sicher, was er von der *Welle* und von Mr. Ross halten sollte. Laurie glaubte noch immer, daß es sich nur um eine Mode handeln konnte, daß die Schüler der Sache endlich müde werden würden, gleichgültig, wie und durch wen alles organisiert würde. Sie empfand nur Furcht bei dem Gedanken daran, was die Schüler, die zur *Welle* gehörten, alles anrichten konnten, ehe sie genug davon hatten.

»Plötzlich fühle ich mich allein«, sagte David, als sie durch den Park gingen. »Es ist so, als gehörten alle meine Freunde zu einer verrückten Bewegung, und ich bin ein Ausgestoßener, bloß weil ich mich weigere, genau wie sie zu sein.«

Laurie wußte, wie er empfand, denn bei ihr war es ganz ähnlich. Sie drängte sich näher an ihn, und er legte den Arm um sie. Laurie fühlte sich David enger verbunden denn je. War es nicht seltsam, daß man einander näherkam, wenn man gemeinsam etwas Schlimmes erlebte? Sie dachte an den Vorabend zurück, als David plötzlich die *Welle* völlig vergessen hatte, sobald ihm klargeworden war, daß er ihr weh getan hatte. Sie umarmte ihn heftig.

»Was ist?« fragte David überrascht.

»Ach, nichts!«

David wandte den Kopf ab.

Laurie fühlte, daß ihre Gedanken wieder um die *Welle* kreisten. Sie versuchte, sich die Aula an diesem Nachmittag voller *Wellen*mitglieder vorzustellen. Und irgendein Führer sprach von irgendwoher über das Fernsehen zu ihnen. Was würde er ihnen sagen? Daß sie Bücher verbrennen sollten? Daß sie alle Nichtmitglieder zwingen sollten, Handschellen zu tragen? Es kam ihr alles so unglaublich verrückt vor, daß solche Dinge keineswegs auszuschließen waren. »Also . . .« Plötzlich erinnerte sie sich an etwas. »David«, sagte sie, »erinnerst du dich noch an den Tag, an dem alles angefangen hat?«

»Den Tag, an dem uns Mr. Ross den ersten Grundsatz beigebracht hat?« fragte David.

»Nein, an den Tag davor, als wir den Film über die Konzentrationslager der Nazis gesehen haben. Der Tag, an dem ich so aufgeregt war. Erinnerst du dich? Niemand wollte verstehen, wieso die anderen Deutschen so tun konnten, als hätten sie nichts von dem gewußt, was da vor sich ging.«

»Ja, und?« fragte David.

»Erinnerst du dich auch, was du damals am Nachmittag zu mir gesagt hast?«

David dachte einen Augenblick nach, dann schüttelte er den Kopf. »Du hast mir gesagt, so etwas könnte sich nie wiederholen.«

Einen Augenblick schaute David sie an und meinte, daß sie ironisch lächelte. »Weißt du was?« sagte er. »Selbst mit dieser Versammlung heute nachmittag und dem nationalen Führer der Bewegung, selbst wenn ich selbst dazugehört habe, kann ich mir nicht vorstellen, daß es wirklich geschieht. Es ist so absolut wahnsinnig!«

»Das habe ich mir auch gedacht«, antwortete Laurie. Dann kam ihr ein Gedanke: »Komm, David, wir gehen zur Schule zurück!«

»Warum?«

»Ich möchte ihn sehen! Ich möchte diesen Führer sehen. Ich schwöre, ich kann nicht glauben, daß es wirklich geschieht, wenn ich es nicht selbst sehe.«

»Aber Mr. Ross hat doch gesagt, es seien nur Mitglieder der *Welle* zugelassen.«

»Wovor hast du Angst?« fragte ihn Laurie.

David zuckte die Achseln. »Ich weiß nicht. Ich weiß auch nicht, ob ich hingehen möchte. Mir kommt es vor, als hätte die *Welle* mich einmal eingesogen, und als könnte sie es vielleicht noch einmal tun.«
»Unmöglich!« versicherte Laurie lachend.

/17/

Es war unglaublich, fand Ben Ross, als er auf dem Wege zur Aula war. Vor ihm saßen zwei seiner Schüler an einem kleinen Tisch vor der Tür und überprüften Mitgliedskarten. *Wellen*mitglieder strömten in den Saal. Viele hatten Fahnen und Poster mit dem Zeichen der *Welle* mitgebracht. Ross konnte den Gedanken nicht verdrängen, daß er vor dem Beginn der *Welle* eine Woche gebraucht hätte, um so viele Schüler auf die Beine zu bringen. Heute hatten wenige Stunden genügt. Er seufzte. Soviel ließ sich also immerhin zu Disziplin, Gemeinschaft und Handeln sagen. Er fragte sich, ob es gelingen konnte, die »Programmierung« der Schüler für die *Welle* aufzuheben, und wie lange es dauern würde, bis er wieder die alten, nachlässigen Hausarbeiten zu sehen bekäme. Er lächelte. Vielleicht war auch das ein Preis der Freiheit.

Während Ben ihn beobachtete, kam Robert in Jacke und Krawatte aus der Aula und wechselte den Gruß mit Brad und Brian.

»Die Aula ist voll«, erklärte Robert. »Sind die Wächter an ihren Plätzen?«

»Sind sie«, antwortete Brad.

»Gut. Dann wollen wir alle Türen überprüfen. Sorgt dafür, daß sie alle verschlossen sind.«

Ben rieb sich nervös die Hände. Es war Zeit hineinzugehen. Er ging zum Bühneneingang und sah, daß Christy dort auf ihn wartete.
»He, Ben!« Sie küßte ihn schnell auf die Wange. »Ich dachte, ich sollte dir vielleicht Glück wünschen.«
»Danke, ich kann es brauchen«, antwortete Ben.
Christy rückte seine Krawatte zurecht. »Hat dir schon einmal jemand gesagt, daß du im Anzug sehr gut aussiehst?« fragte sie.
»Ja. Owens hat das vor ein paar Tagen auch gemeint.« Er seufzte. »Ich werde mich wohl nach einem neuen Job umsehen müssen, und dann habe ich genug Zeit, Anzüge zu tragen.«
»Keine Sorge, es wird schon gutgehen«, versicherte Christy.
Ben lächelte ein wenig. »Ich wäre gern ebenso davon überzeugt wie du«, sagte er.
Jetzt lachte Christy und drehte ihn zur Bühnentür. »Los, Tiger, pack sie!«
Dann stand Ben plötzlich an der Seite der Tür und blickte in die gefüllte Aula. Wenig später trat Robert zu ihm und grüßte. »Mr. Ross, alle Türen sind gesichert, die Wächter sind an ihren Plätzen!«
»Danke, Robert!« sagte Ben.
Es war Zeit anzufangen. Während er zur Mitte der Bühne ging, blickte Ben schnell auf den Vorhang hinter sich und dann hinauf zur Kabine des Filmvorführers an der Rückwand des Saales. Zwischen zwei großen Fernsehmonitoren, die für heute ausgeliehen worden waren, blieb er stehen. Spontan schickten sich die Mädchen und Jungen dort unten an, die Grundsätze der *Welle* zu rufen. Dabei standen sie auf und erboten ihm den Gruß: »Macht durch Disziplin! Macht durch Gemeinschaft! Macht durch Handeln!«

Ben stand bewegungslos vor ihnen. Als die Sprechchöre endeten, hob er den Arm und verlangte Ruhe. Auf einmal wurde es still. Welch ein Gehorsam, dachte Ben traurig. Er blickte über die Versammlung hinweg und war sich klar darüber, daß es wahrscheinlich das letzte Mal war, daß er diese geballte Aufmerksamkeit auf sich lenken konnte. Und dann sprach er.
»In wenigen Augenblicken wird unser nationaler Führer zu uns sprechen.« Er wandte den Kopf zur Seite. »Robert?«
»Mr. Ross?«
»Schalte die Fernsehgeräte ein.«
Robert wandte sich den beiden Geräten zu, die Bildschirme wurden hell und bläulich, Bild und Ton waren noch nicht da. Hunderte von *Wellen*mitgliedern beugten sich auf ihren Sitzen ein wenig vor und starrten auf die leeren Bildschirme.

Draußen erprobten David und Laurie eine ganze Reihe von Türen zur Aula, fanden jedoch alle verschlossen. Sie versuchten es schnell auf der anderen Seite, hatten aber genausowenig Erfolg. Es gab noch mehr Türen.

Die Bildschirme waren noch immer leer. Kein Gesicht erschien, und kein Geräusch drang aus den Lautsprechern. Unruhe entstand im Saal. Warum passierte denn nichts? Wo blieb ihr Führer? Was wurde von ihnen erwartet? Während die Spannung im Raum wuchs, ging immer wieder dieselbe Frage in den Köpfen der Schüler um. Was erwartet man von uns?
Von der Bühnenseite blickte Ben auf sie hinab, und ein Meer von Gesichtern schaute zu ihm auf. War es wirklich eine ganz natürliche Neigung der Menschen, nach einem Führer Ausschau zu halten, nach irgend jeman-

dem, der alle Entscheidungen traf? Die Gesichter, die zu ihm aufblickten, drückten jedenfalls genau das aus. Und das war die fürchterliche Verantwortung jedes Führers: zu wissen, daß diese Gruppe ihm folgen würde.

Ben begann zu begreifen, wieviel ernsthafter dieses kleine »Experiment« war, als er es sich jemals vorgestellt hatte. Es war furchterregend, wie leicht man den Glauben dieser jungen Menschen manipulieren konnte, wie leicht sie es zuließen, daß man ihnen Entscheidungen abnahm. Wenn die Menschen aber dazu bestimmt waren, daß man sie führte, so dachte Ben, dann mußte er dafür sorgen, daß sie eines wirklich lernten: Gründlich zu fragen, nie jemandem blind zu vertrauen, sonst . . .

Plötzlich sprang im Publikum ein enttäuschtes Mitglied von seinem Platz auf und rief Mr. Ross zu: »Da ist ja gar kein Führer!« Schockierte Schüler überall im Saal wandten ihm die Köpfe zu, während zwei Wächter herbeieilten, um den Ruhestörer aus dem Saal zu befördern. In der darauffolgenden Verwirrung gelang es Laurie und David, durch die Tür zu schlüpfen.

Ehe die Schüler noch Zeit hatten, über das Geschehene nachzudenken, trat Ben wieder zur Mitte der Bühne. »Doch, ihr habt einen Führer!« rief er. Auf dieses Stichwort hatte Carl Block hinter der Bühne gewartet. Jetzt öffnete er den Vorhang und gab dadurch eine große Filmleinwand frei. Im selben Augenblick schaltete Alex Cooper im Vorführraum den Projektor ein. »Dort!« rief Ben. »Dort ist euer Führer!«

Ein riesiges Bild von Adolf Hitler füllte die Leinwand aus.

»Das ist aus dem Film, den er uns damals gezeigt hat.«

»Und jetzt hört genau zu!« rief Ben. »Es gibt keine nationale Bewegung der *Welle*, es gibt keinen Führer. Aber gäbe es ihn, dann wäre er es! Seht ihr denn nicht, was

aus euch geworden ist? Seht ihr nicht, in welche Richtung ihr treibt?
Wie weit wärt ihr gegangen? Seht euch einmal eure Zukunft an.«
Die Kamera schwenkte vom Gesicht Hitlers auf die Gesichter der jungen Nationalsozialisten, die während des Zweiten Weltkriegs für ihn gekämpft hatten. Viele von ihnen waren noch Jugendliche, manche sogar jünger als einige der Schüler im Saal.
»Ihr habt euch für etwas Besonderes gehalten!« erklärte ihnen Ross. »Ihr kamt euch besser vor als alle anderen außerhalb dieser Aula. Ihr habt eure Freiheit gegen das verschachert, was man euch als Gleichheit vorgesetzt hat. Aber ihr habt die Gleichheit in Vorherrschaft über die Nicht-Mitglieder verwandelt. Ihr habt den Willen der Gruppe über eure eigenen Überzeugungen gestellt, auch wenn ihr dadurch andere verletzen mußtet. Natürlich haben manche von euch geglaubt, sie könnten ja jederzeit wieder aussteigen. Aber hat es denn jemand wirklich versucht?
Ja, ja, ihr wärt alle gute Nazis gewesen«, erklärte Ben. »Ihr hättet die Uniform angezogen, hättet euch den Kopf verdrehen lassen, und ihr hättet zugelassen, daß man eure Freunde und Nachbarn verfolgt und vernichtet. Ihr habt gesagt, so etwas könne nie wieder geschehen. Aber denkt doch einmal darüber nach, wie nahe ihr selbst schon diesem Zustand gekommen seid. Ihr habt diejenigen bedroht, die nicht zu euch gehören wollten. Ihr habt Nicht-Mitglieder daran gehindert, beim Football neben euch zu sitzen. Faschismus, das ist nicht etwas, das nur andere Menschen betrifft. Faschismus ist hier mitten unter uns und in jedem von uns. Ihr habt gefragt, warum das deutsche Volk nichts getan habe, als Millionen unschuldiger Menschen ermordet wurden. Wie hät-

ten sie behaupten können, wolltet ihr wissen, sie hätten von alledem nichts gewußt? Ihr wolltet wissen, was ein Volk dazu bringen kann, seine eigene Geschichte zu verleugnen.«

Ben trat näher zur Rampe und sprach jetzt leiser. »Wenn die Geschichte sich wiederholt, dann werdet ihr alle bestreiten wollen, was sich durch die *Welle* in euch abgespielt hat. Aber wenn unser Experiment erfolgreich war, und das hoffe ich, dann werdet ihr gelernt haben, daß wir alle für unsere eigenen Taten verantwortlich sind und daß ihr immer fragen müßt, was besser ist, als einem Führer blind zu folgen. Für den Rest eures Lebens werdet ihr niemals mehr zulassen, daß der Wille einer Gruppe die Oberhand über eure Rechte als Einzelmenschen gewinnt.«

Ben schwieg einen Augenblick. Bis jetzt hatte er so geredet, als wäre alles nur die Schuld der Schüler. Aber es war mehr. »Und jetzt hört mir bitte zu«, sagte er. »Ich muß mich bei euch entschuldigen. Ich weiß, daß es schmerzlich für euch ist, aber in gewisser Hinsicht könnte man sagen, daß keiner von euch wirklich schuldig ist, denn ich habe euch zu alledem gebracht. Ich habe gehofft, die *Welle* würde zu einer großen Lektion für euch, und vielleicht ist mir das nur zu gut gelungen. Ich bin sicher viel mehr zum Führer geworden, als ich es wollte. Hoffentlich glaubt ihr mir, wenn ich sage, daß es auch für mich eine schmerzliche Lektion war. Ich kann nur noch hinzufügen, daß wir hoffentlich alle diese Lektion für den Rest unseres Lebens beherzigen werden. Wenn wir klug sind, dann werden wir nicht wagen, sie zu vergessen.«

Die Wirkung auf die Schüler war erschütternd. Alle Mädchen und Jungen in der Aula standen langsam auf. Einigen liefen Tränen über die Gesichter, andere wichen den Blicken ihrer Nachbarn verlegen aus. Alle schienen tief betroffen zu sein. Als sie hinausgingen, ließen sie ihre Poster und Fahnen am Boden zurück. Der Fußboden war schnell mit gelben Mitgliedskarten übersät, und alle Gedanken an militärische Haltung waren vergessen, als sie die Aula verließen.

Laurie und David gingen langsam durch den Mittelgang auf die Bühne zu, während die anderen hinausdrängten. Amy kam ihnen mit gesenktem Kopf entgegen. Als sie aufblickte und Laurie sah, brach sie in Tränen aus und umarmte ihre Freundin.

Hinter ihr sah David Eric und Brian. Beide wirkten erschüttert. Sie blieben stehen, als sie David erkannten, und für ein paar Augenblicke standen die drei Mannschaftskameraden in verlegenem Schweigen beieinander.

»Das ist ja ein Alptraum!« sagte Eric endlich leise.

David versuchte, die Beklemmung abzuschütteln. Seine Freunde taten ihm leid. »Jetzt ist es vorbei«, versicherte er. »Wir wollen es vergessen. Das heißt, wir wollen versuchen, es nicht zu vergessen, aber gleichzeitig dürfen wir auch nicht dauernd daran denken.«

Eric und Brian nickten. Sie verstanden, was er meinte, wenn er es auch nicht genau ausdrücken konnte.

Brian sah verlegen aus. »Ich hätte es wissen müssen«, sagte er. »Als am letzten Samstag der Angreifer von Clarkstown zum erstenmal durchgebrochen ist und mich niedergemacht hat, hätte ich wissen müssen, daß die ganze *Welle* nichts taugte.«

Die drei Spieler lachten, dann verließen Eric und Brian den Saal. David ging weiter zur Bühne, wo Mr. Ross stand. Sein Lehrer sah sehr müde aus.

»Es tut mir leid, daß ich kein Vertrauen zu Ihnen hatte, Mr. Ross«, sagte David.

»Nein, es war schon gut, daß ihr mir nicht getraut habt«, widersprach Ben Ross. »Ihr habt gute Urteilskraft bewiesen. Ich müßte mich vielmehr bei dir entschuldigen, David. Ich hätte dir sagen müssen, was ich vorhatte.«
Laurie trat zu ihnen. »Und wie soll es nun weitergehen?« fragte sie.
Ben schüttelte den Kopf. »Das weiß ich auch noch nicht genau, Laurie. Wir müssen in diesem Jahr noch eine Menge Geschichtsstoff bewältigen. Aber vielleicht opfern wir noch eine Stunde, um über das zu sprechen, was heute geschehen ist.«
»Das sollten wir tun«, meinte David.
»Wissen Sie, Mr. Ross«, sagte Laurie, »eigentlich bin ich froh, daß es so gekommen ist. Ich meine, es tut mir leid, daß es dazu kommen mußte, aber ich bin froh, daß wir alle dadurch eine Menge gelernt haben.«
Ben nickte. »Das ist nett von dir, Laurie. Aber ich habe bereits beschlossen, daß ich diesen Kurs im nächsten Jahr nicht wiederhole.«
David und Laurie sahen einander lächelnd an. Sie verabschiedeten sich von ihrem Lehrer.
Ben sah ihnen und den letzten Mitgliedern der *Welle* nach. Als alle gegangen waren, seufzte er und sagte: »Gott sei Dank!« Er war erleichtert, daß alles gut zu Ende gegangen war, und er war dankbar, daß er noch immer seinen Job an der Gordon High School hatte. Sicherlich gab es noch erzürnte Eltern und spöttische Kollegen zu besänftigen, aber das konnte er mit der Zeit schaffen.
Er wollte die Bühne verlassen, als er ein Schluchzen hörte. Robert lehnte an einem der Fernsehgeräte, und sein Gesicht war von Tränen überströmt.
Armer Robert, dachte Ben. Er ist wirklich der einzige Verlierer bei der ganzen Sache. Er ging auf den Schüler

zu und legte ihm den Arm um die Schultern. »Weißt du, Robert«, sagte er, um ihn aufzuheitern, »in Jackett und Krawatte siehst du mächtig gut aus. Das solltest du öfters tragen.«

Robert gelang ein Lächeln. »Danke, Mr. Ross!«

»Was hieltest du davon, wenn wir jetzt zusammen einen Bissen essen gingen?« fragte Ben und zog ihn mit sich von der Bühne. »Ich glaube, wir haben einiges zu besprechen.«

Nachbemerkung des Verlages

Viele Leser der Originalausgabe haben gefragt, ob sich das Experiment *Welle* tatsächlich so zugetragen habe, wie dies im vorliegenden Buch geschildert wird. Dazu hier der Auszug eines Interviews mit Ron Jones, dem »echten« Mr. Ross, aus der Zeitschrift »Scholastic Voice« vom 18. September 1981:

Was passierte eigentlich am zweiten Tag?

Also, am ersten Tag hatte ich noch alles genau durchgeplant – ich wollte ja eine engagierte Diskussion provozieren und damit dann das Experiment beenden. Als ich am zweiten Tag in die Klasse kam, erwartete ich, daß die Schüler wie immer in ihren Bänken herumlümmeln würden. Aber zu meiner Überraschung saßen alle in dieser merkwürdig disziplinierten Haltung vor mir und baten mich, doch weiterzumachen. Erst wollte ich aufhören, aber dann dachte ich: »Mal sehen, wie das weitergeht.« Von diesem Tag an geschah alles spontan und ungeplant.

Hatten Sie sich die ganze Zeit unter Kontrolle? Oder wurden Sie manchmal auch von Ihrer Rolle überwältigt?

Das ist eine sehr gute Frage. Es gab gegen Ende des Experiments tatsächlich Momente, da fühlte ich mich schon als Diktator und nicht mehr als Lehrer oder Ehemann, wahrscheinlich hatte ich das nicht mehr im Griff. Wenn man einmal in eine Rolle hineinschlüpft, dann lebt man sie auch. Ich verhielt mich also wie ein Diktator und nicht mehr wie ein normaler Mensch.

Gab es die Figur des Robert in Wirklichkeit auch?

Ja, aber die Leibwächter-Geschichte spielte sich etwas anders ab, als sie im Buch beschrieben wird. Eines Tages folgte er mir überall hin, und als ich ins Lehrerzimmer ging und ihm ein Kollege sagte, daß Schüler hier keinen Zutritt hätten, da antwortete Robert: »Ich bin kein Schüler, ich bin die Leibwache!« Also, da hab ich schon ziemlich Angst bekommen, ich fragte mich, wie weit die anderen Schüler schon gegangen waren.

Warum vor allem haben Sie die Welle geschaffen?

Ich wollte, daß die Schüler erfahren, wie es damals in Deutschland zuging. Sie sollten aber nicht nur etwas darüber lesen, sondern selbst erleben, was es heißt, zum Beispiel gleichzeitig aufzuspringen und irgend etwas zu brüllen, oder in einer sehr disziplinierten Weise dazusitzen, oder von einer Person abhängig zu sein, die einem dauernd sagt, was man machen soll.

Was passierte eigentlich mit den Teilnehmern am Ende des Experiments? Man kann doch so etwas nicht einfach innerhalb eines Tages abstellen.

Das ist richtig. Ich befand mich in einem ziemlichen Dilemma. Ich hätte abrupt aufhören können, was jeden völlig aus dem Gleichgewicht gebracht hätte; oder ich hätte weitermachen können. Aber wenn ich mir Robert ansah, wußte ich, daß ich das nicht machen durfte. Nun, ich habe mich wie ein Basketballtrainer verhalten und entwarf sozusagen eine neue Spielstrategie. Wenn man gegen eine sehr überlegene Mannschaft spielt, muß man manchmal seine Spielweise ganz drastisch verändern. Also versuchte ich so ziemlich alles an der *Welle* zu ändern, indem ich einfach sagte: »He, Leute, das ist alles Wirklichkeit.« Das war jetzt eine ganz neue Dimension von Verhaltensmöglichkeiten. Schließlich habe ich ihnen reinen Wein eingeschenkt und habe dann sehr viel Zeit mit ihnen verbracht, das war ziemlich schlimm. Aber es stimmt, es war ganz, ganz schwer, die Sache zu Ende zu bringen.

Sind Sie sicher, daß die Schüler das gelernt haben, was Sie wollten?

Ja, schon. Aber manchmal begegne ich einem von ihnen, und dann schleudert er mir den *Welle*-Gruß entgegen und grinst – ich weiß nicht, was dieses Grinsen bedeutet. Heißt es: »He, wir sollten das eines Tages noch mal machen«, oder heißt es: »Ja, Mr. Jones, ich habe viel gelernt, danke?« Ein deutsches Fernsehteam hat einmal die früheren *Welle*-Mitglieder befragt. Ihre Ansichten waren ganz unterschiedlich, von »Ich war vollkommen überwältigt« bis »Es war ja nur ein Spiel, und ich habe eben mitgemacht« und »Das werde ich niemals vergessen«; es gab also eine große Bandbreite von Eindrücken.

Was geschah mit Robert?

Es ging ihm wie all jenen »unsichtbaren« Leuten, die plötzlich sehr »sichtbar« und mächtig werden und die dann plötzlich von ihrer Macht abgeschnitten werden. Ich mußte viel Zeit darauf verwenden, mit ihm über seinen Wert als menschliches Wesen zu reden. Immer wieder habe ich darauf hingewiesen, daß es viele Wege gibt, Selbstwertgefühl zu erhalten und ein guter Mensch zu sein – die Schule ist da nicht die einzige Möglichkeit. Nun, es stellte sich heraus, daß Robert im Handwerklichen recht gut ist, und so betreute er bald die Schreibmaschinen im Klassenzimmer. Heute ist er Flugzeugmechaniker, und ich glaube, er ist recht zufrieden damit. (. . .)
Einstein hat einmal gesagt: »Die Welt wird nicht bedroht von den Menschen, die böse sind, sondern von denen, die das Böse zulassen.« Ich glaube, irgend jemand hätte, gleich als ich mit der *Welle* begann, aufstehen sollen und sagen: »Mr. Jones, ich folge Ihnen nicht, ich sage Ihnen, das ist schlecht, was Sie machen.« Dann hätten wir anfangen können, darüber zu reden. Aber während des ganzen Experiments hat sich niemand dagegen gewehrt, kein Schüler, kein Lehrer, von den Eltern niemand und niemand von den Geistlichen – und das ist es, was mich erschreckt.